人文社科
高校学术研究论著丛刊

基于心理学视域下的高校第二课堂实践育人有效性研究

包璐璐　著

图书在版编目 (CIP) 数据

基于心理学视域下的高校第二课堂实践育人有效性研究 / 包璐璐著 . -- 北京 : 中国书籍出版社 , 2023.6

ISBN 978-7-5068-9480-7

Ⅰ . ①基…　Ⅱ . ①包…　Ⅲ . ①高等学校 – 第二课堂 – 教育研究　Ⅳ . ① G640

中国国家版本馆 CIP 数据核字（2023）第 120521 号

基于心理学视域下的高校第二课堂实践育人有效性研究

包璐璐　著

丛书策划　谭　鹏　武　斌
责任编辑　牛　超
责任印制　孙马飞　马　芝
封面设计　东方美迪
出版发行　中国书籍出版社
地　　址　北京市丰台区三路居路 97 号 (邮编：100073)
电　　话　（010）52257143（总编室）　（010）52257140（发行部）
电子邮箱　eo@chinabp.com.cn
经　　销　全国新华书店
印　　厂　三河市德贤弘印务有限公司
开　　本　710 毫米 ×1000 毫米　1/16
字　　数　182 千字
印　　张　11.5
版　　次　2023 年 9 月第 1 版
印　　次　2023 年 9 月第 1 次印刷
书　　号　ISBN 978-7-5068-9480-7
定　　价　72.00 元

目　录

第一章　绪　论 …… 1

第一节　问题缘起 …… 1

第二节　研究背景与意义 …… 2

第三节　国内外研究综述 …… 6

第四节　研究思路与研究框架 …… 13

第五节　研究方法 …… 14

第六节　研究创新 …… 16

第二章　心理学视域下高校第二课堂实践育人有效性的理论 …… 17

第一节　高校第二课堂教育教学有效性的基础理论 …… 17

第二节　心理学视域下高校第二课堂实践育人有效性的特征 …… 29

第三节　心理学视域下高校第二课堂实践育人有效性的依据 …… 33

第三章　基于心理学视域下的高校第二课堂实践育人有效性的实证分析 …… 43

第一节　调查的目的、对象、问卷的信度与问卷的效度 …… 43

第二节　高校开展第二课堂实践育人的有效性分析 …… 47

第三节　结果与讨论 …… 62

第四章　心理学视域下高校第二课堂实践育人的影响因素 …… 65

第一节　心理学视域下教育者因素 …… 65

第二节　心理学视域下大学生自身因素 …… 73

第三节　心理学视域下教育环境因素 …… 76

第四节　心理学视域下学校组织因素 …… 85

第五章　心理学视域下高校第二课堂实践育人的提升策略 …… 90

第一节　高校第二课堂教育目标有效性的提升对策 …… 90

第二节　高校第二课堂教育内容有效性的提升对策…………　99
第三节　高校第二课堂实践育人方式有效性的提升对策……　105
第四节　高校第二课堂实践育人过程有效性的提升对策……　111
第五节　高校第二课堂教育环境有效性的提升对策…………　118
第六节　高校第二课堂教育评价有效性的提升对策…………　123

第六章　构建我国高校第二课堂育人体系的路径……………　136

第一节　构建高校第二课堂实践育人制度……………………　136
第二节　构建高校第二课堂实践育人组织体系………………　141
第三节　构建高校第二课堂实践育人内容体系………………　143
第四节　构建高校第二课堂实践育人实施管理体系…………　149
第五节　高校第二课堂实践育人评价机制……………………　161
第六节　构建高校第二课堂教育过程的三全育人体系………　164
第七节　高校第二课堂实践案例………………………………　167

参考文献…………………………………………………………　175

第一章 绪 论

努力提高和深入研究高校第二课堂教育教学有效性，是高校落实立德树人根本任务、提高人才培养质量必须加强的关键工作和探讨的重要课题。心理学视域下高校第二课堂教育教学有效性，是指高校第二课堂教育教学遵循大学生思想品德形成规律和大学生身心发展规律，正确设定大学生第二课堂教育教学目标，落实学校对第二课堂教育教学工作提出的要求。科学选择教育内容，适切与灵活选用教育方式方法，最大限度地促进大学生全面发展。心理学为高校第二课堂实践育人的有效性提供了依据，体现为：依据积极心理学和教育目标分类学理论设立教育目标，根据人本主义心理学、最近发展区理论和认知发展理论选择教育内容，在考虑教育方式方法时依据建构主义心理学进行选择，依据态度心理学优化教育过程，依据道德心理学以更好协调教育要素，依据差异心理学以更好把握教育对象等。大学生思想政治教育成效研究面临新的机遇和挑战，这是当今我国社会主义建设面临的新形势和新任务，而高校第二课堂是开展大学生思想政治教育工作的主要方式之一。因此，在这样的背景下重新审视它的有效性，从心理学的视野来看，具有重大的理论和实践意义。

第一节 问题缘起

高校第二课堂具有内容广泛、组织灵活、活动时空开放的特点，是新时代高校人才培养模式的新探索、新实践。各高校从思想成长引领领域、校园文体活动领域、社会实践活动领域、创新创业大赛领域、志愿公益服务活动领域等多角度推动学生全方面发展，通过激发学生兴趣，引导大学生积极参与第二课堂活动。本人从事学生思想政治教育工作多年，一直致力于研究如何设置第二课堂课程，并组织第二课堂制度系统管理人员进行培训学习。但在开展第二课堂初期的实行过程中，第二课堂教育教学在开展实施过程中存在一些问题：学生对第二课堂认识不足、主动参加第二课堂教育教学活动的积极性不高、开展第二课堂教学取得的效果不好、第二课堂活动开设泛化、课程模块设置要求不严格等。第二课堂制度化建设还存在功利化等问题。因此，怎样让学生有效地自主选择与自愿参加第二课堂；第二课堂教育怎样才能真正激发学生参与的热情和主动性，怎样才能使第二课堂教育教学起到促进学生成长的作用；如何了解学生的第二课堂行为动态等问题，成为最本源的思考。所以，研究高校第二课堂的成效，针对存在的问题加以探讨与完善，使高校人才培养的第二课堂协同效应更好地发挥出来，是十分必要的。

第二节　研究背景与意义

一、研究背景

（一）国家政策为高校第二课堂实践育人的有效性研究提供了坚实支撑

第二课堂是提高素质和能力，促进大学生全面发展的重要载体，是高校教育活动的重要内容。第二课堂发展逐步向制度化、体系化建设方面转变，这是国家制度政策的引导和重视的结果。2016年，共青团中央，教育部联合印发，《高校共青团改革实施方案》对推行高校共青团第二课堂综合单体制的建设和实施提出了契机。《普通高校思想政治理论课程建设体系创新计划》提出："坚持课堂教学和日常教育的结合，积极扩大思想理论的教育途径，使创新能够充分发挥第二课堂的教育功能。"

2018 年 7 月，我国在高校共青团改革中制定重要的措施，并具有理论指导和实践意义，共青团中央和教育部共同印发《关于在高校实施共青团“第二课堂成绩单”制度的意见》（下文简称《意见》）。《意见》对第二课堂制度的指导思想、基本原则、工作内容和作用进行了深入的阐述。同时，这种措施也表明，“第二课堂成绩单”制度在我国“三全育人”综合改革中起着举足轻重的作用。《中国教育现代化 2035》提出了“以现代技术加快推动人才培养模式改革”的基本思想，并在推行方案中从教育治理新模式的角度，明确“以互联网等信息化手段服务教育教学全过程”的需求。这为大学“第二课堂成绩单”制度在信息系统中的执行奠定了基础。另外，《关于实施“大学生素质拓展计划”的意见》于 2002 年共青团中央、教育部、全国学联联合制定，意见提出，要从培养大学生的思想政治素质入手，培养实践能力和创新精神，使大学生的科学素质和人文素质得到最大程度提升，重点关注规划执行程序，强调课内外结合、学习和实践相结合。因此，在制度的指导下，学校从意识上高度重视并有意识地规划好第二课堂活动，为实践育人成效在高校第二课堂的研究提供了坚实的支撑。

（二）高校第二课堂的建设和实施拓宽了高校实践育人的功能

自 2020 年 10 月 13 日，中共中央和国务院印发的《深化新时代教育评价改革总体方案》是以社会主义建设进入新时代为背景，促进教育评价改革以适应新时代中国特色社会主义教育发展。第二课堂制度的推行，是积极探索高等教育在新时代进行人才培养的新形式、新途径，是落实立德树人根本任务，不断完善人才培养体系，提高人才培养质量，促进高校高水平发展和建设的有效措施。

实践育人是培养学生在实践中检验知识的真理性，养成实践行为、形成实践能力的过程，是建立在马克思实践唯物主义基础上的科学的教育理念和教育方法，是高校培养创新型与实践型人才的重要教育形式。第二课堂制度的建设和实施拓宽了高校实践育人的功能。

（三）心理学视域下高校第二课堂推进实践育人的有效性发展

大学生有着其特有的年龄结构和心理特点，在设计第二课堂教育教学活动时，充分注意学生的思想动态，兼顾不同学生的差异。师范类院校在设计第二课堂教育教学活动时，应以培养师范生为主，更应统筹非师范生的培养，让学生在参与第二课堂活动的过程中，不断明确自己的定位，扮演好第二课堂的设计者和组织者的角色，对第二课堂的育人认知，会有更深刻的印象。

二、研究意义

国内第二课堂工作者和研究者对高校第二课堂展开了积极探索，并取得了一定的成果。但在心理学视域下的高校第二课堂研究的角度、深度和广度还需要更加积极地探索，其实践育人的有效性研究还有待加强。国家和各级政府对高校第二课堂的建设和实施情况给予了重视，各高校都关注第二课堂的成效。大学的第二课堂实践育人实效研究，以心理学理论为依据，在理论与实践方面均有重要意义。

（一）理论意义

关于高校第二课堂实践育人的有效性研究理论意义，作者总结了以下两点：

第一，本研究是针对高校第二课堂的全过程、全要素，运用心理学的相关理论进行分析和探讨。从心理学理论的角度分析第二课堂实践育人的效果。有利于第二课堂教育理念的更新，也有利于第二课堂建设的落实，将心理学理论与高校第二课堂实践育人有机融合，以期发现和挖掘高校第二课堂实践育人的有效性。

第二，从文献资料研究来看，近几年国内学者大多是从管理者和宏观管理层面对高校的第二课堂进行探讨和研究。本研究是从学生的视角出发，对高校大学生的第二课堂育人全过程、全要素进行探究，是以提高第二课堂教育实效性，促进以学生发展为核心进行的第二课堂建设。

（二）实践意义

针对高校第二课堂实践育人有效性研究的实践意义，作者总结了以下三点：

第一，为开展第二课堂研究的学者们进一步深入研究有关高校第二课堂实践育人的有效性及相关论题提供参考。本研究借鉴已有成果，在中国知网（CNKI）上进行高级检索，收集整理相关文献过百篇，并通过理论与实践的结合，在心理学视域下依据人本主义心理学、建构主义心理学、个体差异心理学等理论对高校第二课堂实践育人的有效性进行研究，为第二课堂的研究者进一步全面深入推进本论题及其相关研究提供一定的参考。

第二，为拓宽高校实践育人的途径提供理论支持。从在中国知网（CNKI）上进行高级检索的结果来看，心理学视域下对高校现有的第二课堂实践育人成效研究少，深度和广度不够，与第二课堂相联系的心理学文献更是少之又少，且二者间的契合度不高，相关结论的提出缺少科学实践的支持，有待进一步验证。本研究以人本主义心理学、建构主义心理学、个体差异心理学为基础，重新审视第二课堂在高校的实施情况和实施效果，为研究其有效性提供理论基础。

第三，为提高创新人才培养质量，深入推进高校教育教学改革，对于推动大学创新型人才的培养是非常有实践意义的。衡量高校办学水平优劣的重要标准之一是提高创新型人才培养质量的水平。心理学视域下高校第二课堂实践育人的有效性研究，可以提高创新型人才的素质和培养质量。高校第二课堂实践育人的有效性研究又取决于高校第二课堂制度的实施水平和程度。心理学视域下高校第二课堂研究立足于心理学视角，用心理学的理论来提升高校实践育人的实效，有助于深化高校的教育教学改革，也有利于推动高校人才培养质量提升。

第四，推动大学生的全面发展，促进高校校园文化建设健康、有序、可持续发展，有着重要的现实意义。高校第二课堂重在激发学生兴趣、促进学生积极参与，强调培养学生在参与第二课堂教育过程中发现问题、解决问题的能力，丰富的项目活动极大地丰富了校园文化。针对当前第二课程实效性低的问题，引导学生进行高校第二课堂活动有效性的提高，以适应大学生身心发展规律和高校学生教育工作的规律，增强学生参与者的竞争意识和责任感，有助于学生进行自我发展。

第三节　国内外研究综述

近年来,高校为了更好地深入贯彻落实习近平关于教育的重要论述,促进人在德智体美劳五方面全面发展,国内很多学者对高校第二课堂的开展情况进行了积极探索,主要侧重于研究第二课堂开展的理论研究,但是,基于心理学视域下高校第二课堂实践育人的有效性研究成果非常少。因此,本研究主要是通过多维度、深层次对高校第二课堂开展的教育教学实效的分析得出一些结论,表明高校第二课堂教育教学在大学生成长过程中的作用,从而为高校进行思想政治教育提供载体。

该研究以中国期刊全文数据库(CNKI)为样本来源,以“大学第二课堂”的“文章名称”作为检索项目。早在1983年著名教育家朱九思的《高等学校管理》一书中就提出:“第二课堂是引导和组织学生进行的各种有意义的、健康的课外活动,是教学计划之外的教学计划。”1999年发布的《中共中央国务院关于深化教育改革全面推进素质教育的决定》中指出,高等教育要注重培养大学生普遍提高科学素质和人文素养的创业、创新、实践能力。共青团中央、教育部、全国学联2002年联合下发的《关于实施“大学生素质拓展计划”的意见》指出,要普遍提高大学生的科学素质和人文素养,重点是在思想政治素质的培养上下功夫,在实践能力和创新精神的培养上下功夫。强调贯彻落实《规划》的精神,要注重课内课外结合、第一课堂教学与第二课堂教学相结合、切实做到学以致用。《高校共青团改革实施方案》由团中央、教育部于2016年联合印发,为高校共青团建设实施第二课堂成绩单制度提供了契机。多项人才战略的提出与发布,更加印证了大学的人才培养是国家和各级政府始终关注和重视的大事,而大学采取的将第二课堂用于实践育人的举措是可行的,这一点也是值得肯定的。

一、国外关于“第二课堂”的研究

国外更多地把“开放课堂活动”称为“第二课堂”,其主要目的是延长授课的时空。主要是将“第二课堂”作为“实践教育”。第二课堂在实际教学中的最显著特点是:学生在参加第二课堂教育教学活动中,注重实践与理论相结合,注重学生的自主性和创新性,鼓励探索与研究相结合。简单来说,第二课堂是区别于第一课堂的存在。“第二课堂”一词由国外首先提出,国外称为“Activities on the Open Classroom”意为“开放课堂活动”,即提倡课堂教学向课外延伸的实践拓展活动,不再将师生约束在传统的教室里。德国教育学家赫尔巴特教学学说起源于德国教育学家赫尔巴特教学学说中,对传统的教学“三中心”(以教师为中心、课堂为中心和教科书为中心)提出质疑。随着时代的不断发展与进步,科技也随之不断进步。赫尔巴特的传统“三中心”论已经不再适合经济社会中对培养具有创造精神和创新实践能力的人才要求。在《民主主义与教育》一书中,美国实用主义教育家杜威提到:“努力使自己不断地生存下去,这就是生命的本性,”对无数教育学家的质疑和观点的不断提出,杜威这样说。生命的延续,只有在恒久的更新换代中才能实现,所以杜威相信,生命本质上就是一个不断更新自己的过程。基于以上,杜威提出了“现实化、生活化教学代替传统课堂教学,以学生的亲身体验代替书本知识,以学生主动活动代替教师主导”的“新三中心”理论。他指出,改造学校教育和学校生活的不合时宜,正是“教育即生活”的精髓所在。同时,他以充分发挥学生主体性、锻炼学生动手能力为目的,在“五步教学法”中提出为学生建立真实情景、设置问题、提供材料、帮助学生提出创造性解决问题的方法、形成合理假设、最终为学生创造应用所学知识的环境。另外,《成功智力》一书中,提出主张IQ(智力)不是决定成功的因素,而是包括分析性智力、创造性智力和实践性智力在内的“成功智力”,这是由美国知名心理学家斯滕伯格提出的关于智力的新解释。这一主张为开展研究提供了理论基础,突破了教育问题的束缚,有利于探索出一条更符合现实的教育路子,更符合社会的需要。

在人才培养与时代和社会发展紧密相连、环环相扣的同时,科技发展带来了新的社会需求。当新形势下传统的以课堂为中心,以教师为中心,以教材为依托的教育理念已经不适应社会发展,作为第一课堂的辅助和补充,一种新的第二课堂教育模式就在国外萌芽诞生了。国外很多国家都非常重视第二课堂的开放教育,尤其在美国、英国、加拿大等国家,在开展第二课堂活动中注重学生探究能力和自我教育能力的培养,鼓励学生积极参与课堂之外的社会活动,培养创新精神和学生的综合素养,注重学生的探索能力和自我教育能力的培养。

在西方,最早进行大学发展研究的国家是美国,他们充分认识到"第二课堂"对学生的教育价值和作用。自20世纪90年代起,美国高等教育注重改革创新,逐步形成了人才培养的创新模式,即以学生为本、课内课外一体化、教研一体化相结合的模式。美国能够让学生在实际生活和工作中,从参与的社会实践中认识世界,使学生的综合素质和个人能力不断得到提高。通过学生社团、科学研究、社会实践、服务学习、科学社团等多种形式开展"第二课堂"。

课外活动在英国的大学中备受重视。学生除了学习学术类课程外,几乎每天都会参与各种课外活动,学生们甚至还可以自主增设兴趣课程、社团课程和演讲、表演等额外活动,主要目的在于引导青少年积极利用课余时间参加课外活动,并在活动中锻炼和增强各项技能,促进学生的全面发展。通过活动的开展,促进学生的全面发展,促进各项技能,大学往往把它作为选拔学生的隐性标准之一,学生在申请其他奖学金、荣誉时所需涉及的奖项都可以作为获奖材料并作为支撑素材,其中课外活动和在活动中获得的收获和结果都是其中的重要内容。总之,课外活动在英国教育体系中占有十分重要的地位,不仅能给学生带来强健的体魄,而且在规则意识、团队合作精神、顽强意志等方面,学生的品质也会得到很好的培养。

在加拿大,课外活动(extra curricular activities)是证明一个学生除了学习能力之外的综合水平的必要环节。课外活动包括各种各样的社团、义工、NGO(非政府组织)、体育以及音乐活动等一切学生在校外时间段内所做的活动。

二、国内关于"第二课堂"的研究

近些年,为了深入贯彻落实习近平关于教育的重要论述,国内不少学者主要关注高校第二课堂开展的理论与意义研究,第二课堂教育人的路径探索,以及第二课堂活动制度、第二课堂活动项目管理等方面的内容进行论述与总结。

(一)关于高校第二课堂内涵、定位的研究

(1)在此基础上，我国学者从第二课堂的内涵入手。通过收集和梳理数据发现，以“立德树人”为根本任务，从第一课堂和第二课堂传统分类的角度来定义大学第二课堂的内涵。其中有代表性的意见有：蔡克勇和冯向东指出，第二课堂是学校在教学计划以外引导和组织学生进行多种课外教育的活动。孙丽华认为，所谓的高校“第二”课堂是相对于传统的“第一”课堂而言的，主要是指在课外开展的，具有组织性和集体性的教育。王国辉等人认为，第二课堂教学在教育教学中地位重要，对第二课堂活动的每一次开展、每一次实施都要事先做好预案，使学生在不断增强学生各种能力的同时，在愉悦的氛围中获得知识。第二课堂在高校教育教学活动中占有重要地位，事先制定计划，让学生在愉悦的氛围中，既能得到熏陶，又能获取知识，每一项课外活动的开展和组织，都能使学生的能力得到提升。综合国内学者的观点，对于大学第二课堂的定义，学者们虽有不同的理解，但在本质内涵上并无太大差异，主要有以下两点：观点一是指学校制定的教学计划之外的活动——第一课堂的延伸和重要补充；另一种观点则是从更广阔的视野，即一切有意义的课外实践活动在课堂内外的融会贯通。第二课堂的教育有利于学生身心健康，有利于学生扩大知识面，有利于学生兴趣和能力的培养。

(2)对高校第二课堂的定位进行了探讨。大学第二课堂定位主要集中在大学第二课堂活动的性质、第二课堂活动的内容和师生角色等方面。首先，性质的定位。第二课堂活动在保证第一课堂教学的主导地位下，作为第一课堂的延伸和补充。利用丰富的资源，根据学生的特长和兴趣发展情况，有针对性地组织、指导学生开展各种类型的活动，由学生自愿选择。其次，内容的定位。重点阐述了学生的实际需要和学生的兴趣爱好，主要有三方面：一是趣味性。第二课堂活动注重充分利用学生的主体，其活动内容应当是轻松的，而活动形态则表现形式多样，可以激励学生的参与兴趣。二是实用性。第二课堂应该兼顾课堂学习，是对第一课堂的补充，有助于培养学生运用专业知识解决实际问题的能力。三是知识性，第二课堂的内容和目标是专业教育的延伸，强调专业能力、综合能力的提升。再次是师生角色的定位。第二课堂活动为学生制定“个性化”服务，高校以学生组织管理、学习、创新、实践、心理承受等基本能力，以教师为主导、学生为主体，满足学生自身更高层次、更多元化的需要发展。此外，还有学者对高校第二课堂定位进行了反思，认为应该“课堂”和“课外”都要两手抓。

（二）第二课堂活动体系的相关研究

高校第二课堂作为第一课堂的有效补充和延伸，是学校落实立德树人根本任务的重要阵地。因此，在重视构建第二课堂教育人制度必要性研究的同时，对第二课堂的重视程度不断提高。李同果就高校第二课堂的运行模式，从目标设计第二课堂，第二课堂教育教学模块设计，开展第二课堂工作组织机制设置，课程管理设计，评价方法等几个方面进行了阐述。张科将课程理念引入高校第二课堂活动，构建培养当代大学生创新实践能力的新模式，从组织管理第二课堂、选择课程内容、设计教学活动、评价课堂活动四个层面展开。刘奇认为，为确保高校第二课堂活动规范有效开展，他建议从课程内容、保障和评价三个方面构建第二课堂培训体系。秦玮一边学习、一边思考如何建立适合本科院校的第二课堂体系和发展思路，一边研究台湾高校第二课堂建设和管理的有益经验。总体上，学者们围绕第二课堂教育体系的课程内容、活动课程化、评价机制、培养模式、如何构建等方面展开了深入讨论，并对如何构建第二课堂教育体系进行了深入研究。

（三）第二课堂活动模式的相关研究

国内学者在高校重视第二课堂的情况下，探讨第二课堂教育模式，有力地推动了第二课堂教育向纵深发展。杨雪莲等人认为，高校提出引导式教学模式、任务式教学模式、创新教学模式、产学研教学模式四类模式，高校开展第二课堂教育教学应采取多元化的教学模式。张科认为，高校第二课堂作为第一课堂的补充，主要是学生基本能力、综合素质、创新能力等方面的提高，应从组织管理第二课堂、课程内容选择、教学活动设计、评价课堂活动四个层面，引入课程理念，将第二课堂活动课程化，构建当代大学生创新实践能力培养的新模式。洪波等人提出，重点培养学生的创新能力，融会贯通创新意识和实践等多方面内容，总结出“创新环”模式的第二课堂。谢晓丽等学者认为，高职院校的第二课堂发展要跟上时代发展的步伐，不断探索校企联合、项目教学实践、帮带等模式，使高职院校第二课堂不断得到完善与发展。再比如，贾讯的《积极心理学视域下高校实践育人研究》、南华大学陈彦武的《高校第二课堂项目对大学生“三创”能力的影响及管理创新研究》、中国传媒大学赵丹的《高校第二课堂实践育人体系建设研究》、王纲的《高校思想政治教育评价视域下第二课堂的学生行为研究》、成都师范学院青青的《核心素养视角下高校第二课堂育人实效研究》、蒋志勇的《浅析高校第二课堂的育人功能及其管理》等文章，主要围绕第二课堂育人机制和模式进行研究，探索高校第二课堂在实践育人体系方面的建设和完善。从文献中可以看出，在培养人才的过程中，学者们认为第二课堂的地位和作用是无可替代的。高校应从不同的角度进行创新组织，才能保证第二课堂活动有序、有质的发展。

（四）“第二课堂成绩单”制度的相关研究

大学“第二课堂成绩单”是共青团组织实施的一项重要举措，旨在提高大学生的整体素质。从 2016 年开始，全国高校陆续开展实施“第二课堂成绩单”试点工作，“第二课堂成绩单”制度的相关研究是学者们关注的重点。其中包含对高校“第二课堂成绩单”的内涵、“第二课堂成绩单”的运行机制、“第二课堂成绩单”的实现路径等方面进行研究。傅振邦在《以“第二课堂成绩单”制度为牵引，纵深推进高校共青团改革》中，认真分析了第二课堂育人面临的能力培养目标、评价体系研究以及综合考评管理等方面的问题，并针对出现的问题提出了七种方法以增强第二课堂的育人实效。夏睿等学者通过选取使用“到梦空间”系统的100 所样本院校，对他们的“第二课堂成绩单”相关核心数据进行研究，找出并分析高校第二课堂的运行过程中存在的问题，同时提出高校共青团可以提高第二课堂的宏观调控水平和完善主体功能结构的建议，从而更好地科学建设“第二课堂成绩单”。陶好飞等人通过实证调查，对大学第二课堂成绩单制度的结构化机制进行了分析，并阐述了这一制度要求课程体系、信息体系、服务体系、学分体系、组织体系、数据体系、制度体系和评价体系八个关键结构。

（五）高校第二课堂教育教学效果的评价研究

高校第二课堂内容的丰富性、形式的多样性、参与的主动性、效果的全面性，把立德树人的根本任务落到实处，这是第一课堂教学无法取代的作用。在评价该校第二课堂教育教学成效的研究中，学者们普遍认为该校开展第二课堂教育教学取得不错的效果。第二课堂教育教学有助于促进大学生综合素质和动手能力、人才培养质量的提高。学校制定的人才培养目标与学校在第二课堂教育教学中的目标是一致的，陈晨子以南京理工大学为例，对该校第二课堂教育教学效果进行了实证分析，学校开展第二课堂教育教学有效地培养了学生综合素质。李敏认为，第二课堂对大学生学习兴趣的激发和自主学习能力的培养都有好处，这是一种轻松愉悦的高校学习氛围。刘欧从创新扩散理论的角度研究了大学移动语言学习的意愿和行为第二课堂，研究结果显示，移动语言学习可以在创造个性化学习的同时，激发学习的动力。高琼指出，高校第二课堂思想政治教育有利于加强学生在“新工科”背景下的综合素质培养。中国戏曲学院迟晓庆的硕士学位论文《中国戏曲学院研究生第二课堂开设与实施状况研究》，这篇论文以中国戏曲学院研究生为案例，研究第二课堂在高等院校的开设与实施状况，并提出具有针对性的问题和建议。笔者根据中国知网的高级检索发现，针对心理学视域下的研究中，湖南大学贺光明的博士学位论文《心理学视域下大学生思想政治教育有效性研究》，专业技术对大学生思想政治教育的有效性和心理学相关理论的有机结合，心理学相关理论对引导大学生思想政治教育的影响，并提出大学生思想政治教育过程的有效性提升对策。

三、国内外研究述评

综合上述，通过对国内外已有研究成果进行梳理，在第二课堂的建构理论研究、学生的综合素质与第二课堂的关系分析等方面，学者们对大学第二课堂研究的重视程度有了显著提高。站在学者研究的角度来看，目前，国内关于第二课堂的理论研究大致表现出以下几个方面的特点：一是从宏观政策和微观实际操作两方面进行研究，既包括方式方法研究，同时也包括研究实施的具体路径。二是研究逐步深入，所研究的内容也在不断细化。三是研究的角度逐渐多样化，但还是集中在教育这一块。四是研究内容集中，主要研究第二课堂与大学生的综合素质、创新能力、实践能力、自我教育能力等的关联，多集中于第二课堂建设的研究，既有综合性的学院，也包括热门的专业。但是，由于研究的深入，仍存在着一些缺陷。目前，研究虽然形成了较健全的第二课堂研究内容体系，但主要围绕第二课堂的内涵、功能定位、第二课堂成绩单体系、第二课堂教育中出现的问题及解决途径、第二课堂的教学模式等方面进行研究，对第二课堂教育效果的研究还不是很多。特别是高校第二课堂实践育人的有效性研究，在心理学视野下几乎是空白的。总之，高校第二课堂起着第一课堂无法替代的育人功能，立足于大学生心理发展特点，高校第二课堂教育教学效果实际情况如何，对第二课堂教育效果评价也是学者们应该关注的重点。

第四节　研究思路与研究框架

一、研究思路

《心理学视域下高校第二课堂教育教学有效性研究》以习近平新时代中国特色社会主义理论，及十八大以来关于进一步加强和改进大学生思想政治教育的新思想、新成果为指导，以心理学视角构建高校第二课堂教育教学理论框架为重点，依据心理学相关的理论支撑，对影响高校第二课堂的因素进行梳理和分析，将这些心理的要素视为构成高校第二课堂存在必要性的基本要素。在此基础上，追溯历史，立足现实，运用调查法、系统法、思辨法、文献法，梳理高校第二课堂的实践基础，探索其自身积累的丰富经验，同时分析其相关不足，准确把握高校第二课堂教育教学有效性研究的重点、难点，构建科学的高校第二课堂框架，找寻提高高校第二课堂教育教学有效性的策略。

二、本书主要结构

本书一共分为六个部分：

第一部分：对本书所产生的研究背景及意义进行了阐述，着重对高校第二课堂的研究文献进行了分析，并从中找出研究的出发点；本书的研究思想和基本内容等。

第二部分：高校第二课堂教育教学理论基础分析。本章主要阐述高校第二课堂教育教学有效性研究的理论基础和思想借鉴，构建系统的心理学视域下大学生思想政治教育有效性的理论框架。

第三部分：设计调查问卷，开展调查问卷，分析调查结果，在现实层面，从高校第二课堂组织架构、现行第二课堂的制度和政策、开展第二课堂教育教学的形式和内容、高校第二课堂的教师配备等几个方面的有效性进行全面分析，描述心理学视域下高校第二课堂教育教学有效性的现状。

第四部分：结合心理学理论基础，对高校第二课堂教育有效性的影响因素进行剖析，为下面构建高校第二课堂教育有效形态提供依据。

第五部分：本部分在前文全面展开基于心理学视域下大学生思想政治教育有效性的现状和影响因素的分析借鉴基础上，提出并探讨从教育目标、教育内容、教育方式和教育过程等方面进一步提升高校第二课堂教育教学的有效性策略。

第六部分，根据前面的研究，探讨得出高校第二课堂教育育人体系的具体路径。

第五节　研究方法

一、问卷调查

本研究结合研究的目的和实际情况，主要参考哈尔滨理工大学蒋吉颖的《大学生思想政治教育实效性评估体系研究》，确定本研究拟测量的变量，编制《高校第二课堂教育有效性调查问卷》。问卷题目的产生是根据开放式问卷的调查结果，结合研究者的工作经验，在进行文献分析的基础上形成问卷初稿。在广泛征求有关专家、教授和同学的意见下，评定问卷结构是否合适，对 30 位老师和 100 位学生进行了预调查，最后根据反馈意见并适当修改，最后形成《高校第二课堂教育有效性调查问卷》。

《高校第二课堂教育有效性调查问卷》共分为教师卷和学生卷。在设计问卷的过程中，主要从高校第二课堂教育有效性的构成要素来确定问卷调查的维度和具体题目，构成要素主要包括七个方面，这七个方面构成了教师和学生的具体问卷内容。除此之外，教师卷和学生卷，还包括调查对象的基本信息。教师卷的基本信息主要有性别、年龄、工龄、学历、职称等，学生卷的基本信息主要包括就读学校、学科专业、就读年级和性别等信息。《高校第二课堂教育有效性调查问卷》教师卷和学生卷调查内容中，矩阵单选题借助李克特五分法原理，将“非常有效”“有效”“较有效”“较无效”“无效”分别赋值“5”“4”“3”“2”“1”；对于不适宜采用矩阵单选题的内容，采用非矩阵单选和多选题，以此考察高校第二课堂教育各维度有效性。

二、文献法

本研究通过查阅国内外相关研究文献，发现近年来，关注高校第二课堂教育的研究文献逐渐增多，但是系统利用心理学相关理论针对高校第二课堂教育有效性的研究较少。笔者为了使研究能建立在大量的理论分析基础上，在研究过程中查阅了不少相关著作和文献，并对此进行了认真的分析与总结。此外，还查阅了大量玉林师范学院有关第二课堂育人及学生综合素质拓展学分的文件资料。笔者对所搜集的文献资料进行认真分析、整理、归纳所收集的文献资料，形成了以前人研究为基础的不断创新，实现继承与创新相统一。

三、系统分析法

系统分析法（systemanalysis）是将研究对象作为一个完整的系统，以系统理论的普遍原理指导具体对象的研究。本研究将高校第二课堂看作一个系统，围绕实现第二课堂教育效果最大化的目标，从不同的角度对系统内的所有元素以及影响第二课堂教育效果的元素，在心理学的视野下进行系统分析，从而在相互联系、相互制约的关系中把握高校第二课堂教育成效的相关维度，充分发挥各要素的作用，全面提高第二课堂育人成效。

第六节　研究创新

本书的创新点主要表现在以下方面：

第一，研究视角新。目前学术界对第二课堂教育的关注非常多，相关的成果也是比较丰富的。但是从心理学理论出发，以有效性为切入点来开展研究较为罕见。本研究将心理学理论与高校开展第二课堂教育的成效相结合，对高校开展第二课堂教育活动中出现的问题及原因进行了深入剖析，尝试系统构建高校第二课堂实践育人的提升策略，极大丰富了教育有效性的研究内容，又进一步深化了高校第二课堂教育有效性研究。

第二，研究方法新。当前中国知网及其他学术网站中对高校第二课堂的研究有很多，但是运用心理学理论来分析其有效性研究较少。本研究以问题为导向，坚持采用系统观念，对第二课堂教育目标设立、教育内容选择、教育方式方法选择、教育过程优化等方面进行研究，进一步充实和丰富高校第二课堂教育有效性并深入探索，促进高校大学生德智体美劳全面发展。

第二章　心理学视域下高校第二课堂实践育人有效性的理论

第一节　高校第二课堂教育教学有效性的基础理论

一、有效性的概念

要了解心理学视域下教育教学的有效性，首先要了解定义：何为有效性？对于教育教学的有效性定义，目前有常见的从四个角度出发去对其进行定义的，分别是经济学视角、技能学习视角、学生视角和教师视角。经济学更注重时间精力的投入与收益结果的问题，故而，在经济学的视角中认为，所谓有效性是指以更少的时间与精力投入获取更大的收益结果，通过有效率来表现。也就是说，在同一件事上，个体对其投入的时间和精力相比于他人更少，并且获得的收益比跟投入时间和精力更多的人受益一样或者更多。然而，教育教学的有效性仅仅从个体在事件上投入的时间和精力来衡量，难免有些单一，有效也可以通过对个体对技巧的掌握程度来反映，从技能学习视角看来，所谓的有效教学是指，知识传授者通过对课堂教学目标传授的完成，学生通过对课程目标的学习学到相应的技能，并能将其应用于实际生活，并且该技能促进个体的身心发展，即通过对课堂教学目标的传授，学生学习后内化并在学生身上表现出来。比如，教师在课堂上讲授一个理论，学生学到该理论后内化为自身的能力，并将该理论知识应用于解决生活中的实际问题，缓解或减轻自己的焦虑与恐惧。教育教学的有效性，必定会涉及知识的传授者与知识的接受者即教师与学生。为了更好、更准确地对教育教学有效性进行定义,有学者从学生与教师的视角对教学的有效性进行了定义,一些学者从学生的角度,把教育教学的有效性定义为学生在教育教学课堂上的认识程度、情感程度、技能水平等方面的进步和发展,进而判断教育教学是否有效。针对受教育者来说,提升的空间大小是教育教学有效性的标准,而从教育者的视角来说,教育教学的有效性是什么呢?教育者作为知识与技能的传授者,故而在传授过程中的重要因素和教学事实是尤为重要的。因此,有学者从教师的角度出发认为,教育教学的有效性是指教育者在教育教学过程中,教育教学的有效性指向教育过程中有效的课程要素和教育事实。基于此,有人将有效性进行了定义,即所谓有效性是指,个体对自己所制定的实践目标完成的程度。综上所述,将教育教学的有效性定义为,教育者传授有效的教育内容和教育事实,学生在课堂上通过对教育者的内容与教育事实的学习,有效地提高大学生的专业技能,并能将理论知识很好地运用到实践中,培养学生分析问题、解决问题的能力,有助于促进大学生全面发展。

二、心理学理论

本研究是基于心理学视域下进行的研究,故而在心理学视域下教育教学的有效性是怎样的?我们需要了解第二课堂教育教学与心理的关系以及心理学相关的理论。心理学是一门科学,是一门研究人心理现象产生、发展规律的科学。心理学于 1879 年从哲学中独立出来成为一门科学的学科,心理学在教育教学上有诸多的启示与指导作用,例如斯金纳提出的程序教学、维果茨基的教育应该走在发展前面等。那么在教育教学的有效性上,都存在哪些与心理学有关的理论呢?

(一)行为主义流派关于学习的理论

有国外学者基于教育心理学的视角认为,所谓学习是指个体在一定的条件下,通过练习或者反复的经验进而发生行为上的潜能较为持久的变化,即学习的产生由经验引起的,并且学习会导致个体行为潜能产生变化。

在行为主义看来,学习是习惯、是试误、是强化,也是模仿的结果,不同阶段的行为主义对学习的理解不同。行为主义诞生于19世纪末20世纪初，以华生出版的《行为主义看来的心理学》一书的出版为诞生的标志，它诞生的社会科学基础，即哲学基础是实用主义、实证主义以及机械主义，而它诞生的自然科学基础是谢切诺夫、巴甫洛夫以及赫切列夫的生理学研究，通过实验的方法来做研究。在不同的领域，行为主义的代表人物对学习的看法不同，比如巴甫洛夫认为学习是通过无条件刺激与条件刺激相继呈现，使得无条件刺激引发的无条件反应在条件刺激下也能引起，进而形成由条件刺激引起条件反应；再比如华生认为的，学习是刺激与反应的结果，个体在接收来自外界的刺激后，个体作出相应的应对反应等。行为主义在不同的时期有不同的代表人物，而在研究学习上的贡献比较显著的有巴甫洛夫、华生、桑代克、斯金纳、托尔曼和班杜拉等。

巴甫洛夫是苏联的心理学家，他提出的经典条件作用为行为主义的诞生奠定了基础。经典条件作用是指，在一定的情境下，无条件刺激与条件刺激多次相继呈现，相继呈现的时间不能太短也不能太长的情况下，条件刺激能引起与无条件刺激一样的反应现象。即通过无条件刺激作为媒介，使得动物学会将条件刺激与无条件反应联系起来，进而塑造了条件刺激与条件反应的学习结果。此外，巴甫洛夫在研究的过程当中不仅发现由条件刺激引起条件反应的情况，还发现了即使没有条件刺激也能引起条件反应的情况，为此他提出了第一信号系统、第二信号系统、消退、恢复和泛化的概念。第一信号系统是指，由客观的物理刺激所引起的条件反应，而所谓第二信号系统是指由抽象的符号系统为中介引起的条件反应，即由语言为中介引起的。巴甫洛夫在研究中发现，当只给条件刺激而不给奖励的时候，久而久之，原本建立起来的联系会消失，即给予条件刺激时，不作出条件反应，这就是所谓的消退，但是一旦有奖励加入，已经消退的情况会很快出现以前的情况，这就是巴甫洛夫所说的恢复。除此之外，巴甫洛夫还发现，当小狗只听到实验人员的脚步声的时候，也会出现分泌唾液的情况，这就是泛化现象。

基于巴甫洛夫研究的结果，华生延展出了行为主义，并认为学习是刺激与反应的结果。华生是一个典型的环境决定论者，在他看来，个体的行为都是由于外界的环境刺激而引起的，只要能提供一个适宜的环境就能按照自己的意愿培养出相应的想要的人才，为此他提出了S—R公式，即刺激—反应。然而事实真的如巴甫洛夫和华生认为的那样吗？

为了对学习本质了解得更加深入，教育心理学之父桑代克与斯金纳跟巴甫洛夫和华生有不同的看法，在桑代克与斯金纳看来，学习并非简单的刺激与反应。桑代克通过饿猫开笼实验结果得出，学习是试误的过程而不是刺激—反应，并且认为学习是不断试误的过程。通过实验，桑代克还提出学习遵循的三大定律，即准备律、练习律和效果律，此外还指出效果律在三大定律中是最重要的，效果律是指在一定条件下产生的积极行为倾向于在相同的情境下重复产生的现象。比如，一个学生在课堂上积极回答问题，老师积极回应，获得正向积极反馈的学生会在类似的情境下作出积极回答问题的行为。斯金纳受桑代克思想的影响，也对学习进行了研究，并认为，学习不是刺激反应，也不是试误的过程，而是强化，并提出了操作性条件反射和程序教学。斯金纳认为学习过程中，强化是必不可少的，也是学习能得到好的结果的一个必要条件。所谓强化是指能让个体的行为应答频率增加的刺激或者事件。强化有两种，一种是正强化，一种是负强化，正强化是给个体呈现积极的刺激或者事件，使得个体的行为应答频率上升，而负强化则是撤销个体厌恶的刺激或者事件，使得个体行为应答的频率上升。惩罚在教学当中也是常用的一种辅助手段，并且惩罚也有两种，分别是Ⅰ型惩罚和Ⅱ型惩罚，Ⅰ型惩罚是给个体呈现厌恶的刺激使得个体的行为反应应答频率下降，Ⅱ型惩罚是撤销个体感到愉悦的刺激或者事件，从而导致行为应答频率下降。值得注意的是，负强化与Ⅱ型惩罚不是一回事，虽然两者都是撤销个体愉悦的刺激或者事件，但是负强化是让个体的行为应答频率上升，而Ⅱ型惩罚则是降低个体行为反应应答的频率。在斯金纳看来，尽管惩罚在教学当中起到一定的作用，但是他更倾向于提倡使用强化的方式。程序教学，是一种使用程序教材并以个人自学形式进行的教学，遵循积极反应原则，即在学生作出一个正向行为的时候，教育者积极反馈予以强化或者奖励以巩固这个好的行为；小步子原则，即将学习的任务分成很多个小任务去完成，又因为任务之间的差距较小，故而个体比较容易完成，并且前一个任务是后一个任务的铺垫，这种方式能让个体建立起学习的自信心，使得行为能保持更久；即时反馈原则，即对学生的行为快速作出反应，让学生感受到自己的行为有人在积极地关注着，进而保护到个体的行为；自定步调原则，即学习者根据自己的实际情况来制定学习计划，这样才能让个体在学习当中不会显得很困难，以自己喜欢的方式来完成任务，个体也会更加乐于去执行与付出努力。

物质决定意识，意识也能反作用于物质。人是有自己的自主意识的，人可以通过自己的意识与认知来指导个体的行为，人不是机器，给予刺激就反应。为此，班杜拉认为人类的行为是由多种因素共同决定的，为此提出了社会认知理论。该理论认为，行为、环境和个体三者是相互影响的，理论关注个体的信念、个体的期望、个体的记忆以及自我强化。班杜拉通过对婴儿行为的观察实验认为，学习不是刺激与反应，也不是强化，而是对他人行为的模仿。模仿学习包含四个过程，分别是注意过程、保持过程、复制过程和动机过程。注意过程是指个体会注意自己榜样的行为和情境的各方面。保持过程是指个体将榜样的行为抽象化为语言或者表象储存在记忆当中。复制过程是指个体通过对记忆中榜样行为的符号转化为适当行为。而动机过程是指个体作出与榜样一样的行为而受到激励，动机过程包括直接强化、间接强化和自我强化三种强化，其中，直接强化是指行为观察者对榜样的行为进行模仿之后直接获得强化，间接强化是指观察者看到榜样在一定的情境下作出某种行为后而得到强化，自我强化是指个体在完成自己制定的标准后对自己进行的强化，直接强化能给学习者提供信息和诱因。

综上所述，行为主义的学习理论在不同阶段，对前人的理论批判继承，反对不合理的，保留了合理的部分。在行为主义学派看来，强化因素是学习当中必不可少的，同时强化能让个体更好地将所学的知识内化为自己内在的知识，也从侧面反映出，当个体在学习时，能将学习的知识强化内化为自己的内在，也体现出了教育教学的有效性，内化为自己的内在，个体可以在解决问题时，调用这些知识与技能，来应对面临的困难。

（二）人本主义视角的学习理论

人本主义诞生于20世纪50年代的美国，在批判和继承行为主义心理学、精神分析心理学等学派的基础上，人本主义形成了自己的理论体系，受当时的人道主义和生存哲学的影响。人本主义是心理学第三大势力，强调以人为本，并认为每个人都有自我实现的需要，并且，人本主义强调关注正常人，这区别于以往的心理学关注异常行为的个体。人本主义的代表人物有马斯洛和罗杰斯等。

马斯洛认为，人的生长源泉是需要，尤其是自我实现的需要。此外，马斯洛还将人的需要分为基本需要和成长需要两种。为了对人的各种需要能更加详尽地解释，马斯洛提出了需要层次理论，这个理论最初将人的需要分为五种，即生理的需要，这种需要是维持生命最基本的活动需求，比如水、空气、食物睡眠等；安全的需要，即这种需要是防止自己的生命受到威胁；归属和爱的需要，即人想要归属于某一个集体和与他人交往，建立情感关系的需求；尊重的需要，即个体希望能得到他人的尊重和尊重自己；自我实现的需要，即个体成为对自己的潜能实现的追求。后来，马斯洛在尊重的需要和自我实现的需要之间加了认知的需要和审美的需要两种，其中认知的需要是指对知识的渴求和对未知世界探索的需要；审美的需要是指个体欣赏和寻求美的需要。在这七种需要当中，前面六种需要是基本的需要，马斯洛认为这几种需要是人生来就有的，并且将这几种需要归结为基本需要，而自我实现的需要归结为成长性需要。

马斯洛认为，人正是因为有了需要才会去追求，而需要也恰恰是一种缺少的表现。此外，马斯洛强调需要层次理论中的需要中，前一个需要是后一个需要的基础，只有前一个需要得到满足后，个体才会产生更高一级的需要，但是值得注意的是，前一个的需要并不是要达到100%的满足才会产生下一个需要，而是在部分需要满足之后，便会产生对更高一级的需要。

马斯洛对传统的外在学习进行了批判，所谓外在学习是指单纯依赖外在的强化来学习，学习者个体处于一种被动的状态，显得过于机械。为此他提出了内在学习，所谓内在学习是指依靠学生的内部动力，充分开发潜能，达到自我实现的学习。这种学习方式强调学习个体的自主性、创造性，从形式上看，完全依赖于学习者本身。

罗杰斯是人本主义的继承者，亦是集大成者，并且在教育和学习领域提出了“以学生为中心”的教育教学理论。罗杰斯认为认知与情感是一体的，不应该是分割开来的，并为此提出了知情统一的教学目标，即用情感和认知的方式来将受教育者培养成为一个“完人”。此外，罗杰斯把学生的学习分为认知学习和经验学习两种，而把学习的方式分为有意义学习和自由学习两种，其中有意义学习是一种在未来选择行为方针时，将个人的行为、态度、性格，以及学习的重大改变与个人的各个部分的经验相融合的学习。言之有物的学习包含四个要素，即以个人参与为性质的学习，即在学习活动中投入个人的认知与情感；学习是自我启动的，要求发现、获得、掌握和理解感觉是来自内部的，即使是来自外界的推动力或刺激也是如此；全面发展，就是要学以致用。会让学生在各个方面得到全面的发展，比如行为、态度、性格；学习是由学生自我评价的，因为只有学习者自己对所学知识的了解程度和掌握程度最清楚，自己对所学知识是否感到满意，也只有学习者自己最清楚。罗杰斯从有意义学习的角度出发，教师是学生学习路上学习过程资料的提供者和环境的塑造者，而不是教学生如何学习。

罗杰斯提出的“以学生为中心的教学”中，有三条重要的原则，即真诚一致原则、无条件积极关注原则以及同理心原则。其中，真诚一致原则要求学习的促进者是一个表里如一、真诚、完整而真实的人。无条件积极关注原则是指学习的推动者对学习者的各方面都给予关心，对他们的情感、见解等给予尊重，对他们的价值观念、情感表现等给予接纳。同理心原则是指学习的促成者能够理解学习者内心的反应，能够理解他们的学习过程，能够让他们有一种感同身受的感觉。

马斯洛和罗杰斯提倡开放式的课堂，让学生能根据自己的需要去主动地学习，去追求自己所缺失的需要，努力去满足这些需要，从自己内在出发去主动探究做出行动来满足自己的需要。

综上所述，人本主义支持学生在学习的时候，需要会使得个体积极主动去探究，并且人本主义认为个体有能力去达成自己想要的目标，并且在满足需要的过程中，因为是自己所需要的，故而会自己克服困难去达到目的。

（三）人本主义视角的学习理论

继人本主义心理学之后，积极心理学从人本主义心理学中独立出来成为一个新的流派，积极心理学诞生于20世纪末，在1997年首次被马丁·塞利格曼提出。积极心理学关注个体和团体的积极因素，如积极人格、积极情感和积极社会组织系统等。此外积极心理学认为，心理学的目标应该是促进人的发展、社会的繁荣和幸福，并防止问题的产生。

积极心理学研究如何正确把握人生，关注从出生到死亡的所有人生阶段。

它关注个体的每一个时期，包括高峰和低谷，但并不否认人生的低谷,尽管积极心理学被冠以正面的名字。在积极心理学领域,挫折会被看得更轻,但也承认它的重要性:生命中美好的一面和糟糕的一面同样重要,这一点在心理学领域同样重要。另外,积极心理学认为,人生的核心不只是避免麻烦,防患于未然,所以对生活中美好的一面给予了更多关注。

积极心理学强调个体在生活事件中去积极地体验,处在积极的环境下,个体能获得更多的积极反馈。此外,积极心理学家认为,人们应该去发掘自身抵抗问题的内在力量,培养自己的积极品质。积极心理学在学习上亦是如此,关注学生在学习上的积极体验,同样也关注在学习过程中,学生的积极状态,因为积极心理学始终认为,个体在积极的环境下能更好地消化和吸收所学的知识,同时,积极的环境带给个体积极反馈的同时,能让个体体验到积极的愉悦情绪和积极情感,而这正是积极心理学所关注的积极情感方面。此外,积极心理学还鼓励个体去寻找幸福的意义,增加自己的幸福感,通过寻找幸福的意义,增加幸福感,能使个体在生活和学习上变得更加积极,并且也更愿意积极主动适应生活和处理学习上遇到的困难,这种幸福感让个体在面临困难的时候,更加积极主动去解决,而不是回避与抗拒。此外,积极心理学还鼓励个体去培养自己的积极思维。积极思维能使个体在面临困难的时候,总能看到希望,个体会更加愿意积极主动去面对当前面临的苦难,积极去解决,也正因如此,在积极心理学中,并不否认个体的苦难与人生的低谷期,而是与其他相比较,在积极心理学中会将苦难和挫折看得更小。

通过对活动与教学参与,当个体能在活动与教学学习中体验到积极的情感与积极的体验,进入沉浸式参与时,学生会释放压力,同时会主动去接受与消化这些外界输入的信息,而不是被动地去接受。主动去了解与深入探究,进入沉浸式的体验,容易产生心流体验,心流(flow)是指个体在参加活动时,将注意力和精力高度集中在这个活动当中的心理状态的现象。比如一个喜欢看书的人,看书的时候能高度集中注意力和精神,同时自动隔绝外界的干扰,忽略时间的流逝,感觉时间飞逝一般。而产生心理体验往往是基于个体的内部动机(intrinsic motivation),即由个体的兴趣而主动去从事活动的一种认知,这种动机与活动本身直接相关。

综上所述,积极心理学强调学生本身的积极心理,积极人格和积极情感，强调学生在学习过程中积极的体验，能在学习的过程中体验到积极，更强调学生学习时产生心流。同样，如果学生在学习的过程中，产生积极的体验感，产生心流，促进心理发展，也从侧面反映出了教育教学的有效性，即学生通过学习使得自己的认知和技能得到了发展与提高。

（四）建构主义视角的学习理论

在皮亚杰的理论当中，他认为儿童的认识结构是在周围环境相互作用的过程中，将图式作为核心依据，把"同化"和"顺应"作为建构新知识的手段，对外部世界的认识逐步建构起来，这样就发展了自己的认知结构，然后达到一种平衡状态。图式是个体的动作或者组织，个体的这些行为动作会在相同或者相似的环境当中重复进而会迁移；同化是指个体将新的事物纳入已有的知识和经验当中，而顺应是指，个体面对新事物时由于本身的知识和经验不具备，进而顺应这种新的动作；平衡是同化和顺应以达到平衡。在此基础上，苏联心理学家维果茨基强调"学习是社会建构的一种，在社会大背景下，个体的学习应该是有意义的"，它为当代建构主义的形成奠定了基础。后来，由美国心理学家奥苏贝尔和教育学家布鲁纳等人，从认识结构的性质和发展条件、人类社会环境对心理发展的影响等方面入手，对建构主义理论进行了拓展和完善，从而形成了一套相对完整的学说，后来，建构主义理论也为它在教学过程中的具体运用创造了条件。

建构主义认为，学习者不是被动地接受信息，学习也不是简单地将知识由外而内地转化和传递出去，学习是个体主动建构的过程，是学习者主动建构自己的知识体验的过程。另外，建构主义认为，学习的建构具有以下特征：即学习者在面对新的学习事务时，通过高级的思维方式，主动地开动自己的大脑，以加工和转换新的信息，激活自己以前的知识和经验；社会互动，即通过参与某种社会文化，内化相关的知识和技能，从而掌握相关工具的过程，但这一过程往往是通过学习社群的协作互动（communication）来完成的。学习共同体是指由学习者和助学者共同构成的团体；情境性，即学习需要在一定的情境下，这区别于传统的教学将知识从具体的情境中抽离，使得学习者脱离了具体的物理情境和社会实践情境进行学习，建构主义认为，知识存在于可感知的具体活动和情境活动中。可见，学习者要想将所学的知识内化，需要对新的知识进行积极主动的建构，并且要在具体的情境中，在遇到困难时可以通过共同团体讨论的途径对知识进行更加深入的理解，进而更容易习得。

然而学习的有效性与知识的复杂程度有着很大的关联，是不断深化的过程。针对学习复杂性，斯皮罗提出了认知灵活性理论，该理论瞄准于解释个体怎样通过对知识理解的深化，进而来促进知识的灵活迁移应用，即关注复杂的、结构不良的学习的本质。不同的知识，其复杂以及难理解的程度是不一样的，为此，斯皮罗将这些复杂程度不同的知识化为结构良好领域（well-structured domain）知识和结构不良领域（ill-structured domain）知识两种。其中结构良好领域知识是指关于某一确定方面的事实、概念、规则和原理。它的结构是规则的、有规律的。例如，已知棱长求解正方体的体积，可以直接利用规则，即公式定理直接求出。然而，在现实生活中，很多事情往往并不具备这些条件，可以直接用既定的公式去解决，而这便涉及结构不良领域知识，它是指将结构良好领域知识应用在具体的情境下而产生的知识，它具有两大特征，分别是概念的复杂性和实例的不规则性。

苏联心理学家维果茨基（Vigotsky）认为，人类心理机能的高级发展是社会文化内化的结果。内化（internalization）是指有意识地引导和掌握各种心理活动，把社会上存在的各种文化知识转化为自己的一部分。此外，维果茨基将知识内化的过程分为两种，即自下而上的知识（bottom-up knowledge）和自上而下的知识（top-down knowledge）。自下而上的知识是个体在具体的情境中去参加活动而获得的经验，这是一种由具体的水平通过语言作为和中介向高水平发展，使得个体有更深的了解和感悟，并在日后应用于问题解决上；而自上而下的知识是指从个体的头脑意识中，以语言等抽象概括向具体的领域发展，形成学习者的个人意义。即这两种知识中，前者是由具体向抽象发展，后者是由抽象向具体发展的过程。

综上所述，建构主义认为，教育者通过对知识的传授，学习者要想能更好地理解和消化这些知识，达到教育教学的有效性目的。学习者需要对所学的知识进行积极主动的建构，调动自己已有的经验对新的知识进行加工和转化，在这个过程当中，学习共同体能帮助完成对知识的转化困难的处理，此外在一定的情境下去强化这些知识，能达到更好的效果。而学习存在结构良好领域知识和结构不良领域知识，针对不同类型的知识,更要积极主动、深入了解。此外,学习的知识最终应该要内化,使之成为自己的一部分,进而应用于处理各类遇到的问题,将所需的知识应用于实际,表明教育教学是有效的,达到了教育的真正目的。

(五)认知心理学学习理论视角

认知心理学认为,学习是对外界输入的信息进行加工处理后输出的过程。早期的认知学习代表人物有科勒、托尔曼,发展到后来代表人物有布鲁纳、奥苏贝尔和加涅等。

科勒是格式塔学派的代表人物之一,该流派认为,学习就是对知觉的重新组织。科勒通过对黑猩猩拿香蕉的实验观察结果,认为学习是顿悟的过程而不是桑代克认为的试误过程。托尔曼通过对白鼠学习方位迷宫的实验,对实验的结果分析,提出了潜伏学习,即使在没有奖励强化的条件下白鼠也进行了学习,知识没有明显表现出来,一旦有强化物强化,就会立即展现,此外托尔曼还发现期待在学习过程当中起到非常关键的作用,期待后来被证实为是一种内在的强化。

教育教学的有效性不仅涉及学生也涉及教师,因此,教育教学的有效性会涉及教师如何教和学生如何学才能达到更好的效果。针对教与学的原则,布鲁纳提出了学习与教学的四个基本原则,分别是:第一,注重知识结构;第二,发展学习的准备性;第三,培养知觉思维;第四,激发内在动机。此外,布鲁纳还极力提倡发现学习,布鲁纳认为学生学习一般的原理固然是重要的,但是发现新问题、新事物的态度和能力更为重要。所谓发现学习是指,学习者通过自己的头脑亲自获得知识的一切方式。对于发现学习的教学有四个过程,首先是提出问题,其次是作出假设,然后验证假设,最后形成结论。在教育教学的过程当中,激发学生的内在动机是积极而有必要的,当学生的内在动机被激发后,个体会对所学的知识进行积极主动的探索和解决探索过程中遇到的困难,这样不但能塑造个体坚韧的内心,在达成目的后还能建立起自信心。

奥苏泊尔是认知学习理论认知学派中非常重视学生学习的一位心理学家,他认为学生的学习要尽可能地有意义,如果有价值,那么学生的学习应该是有意义的,为此他提出了有意义学习(meaningful learning)、下位学习(subordinate learning)、上位学习(super-ordinate learning)、组合学习(coordinate learning)和接受学习(reception learning)。需要注意的是,奥苏泊尔的有意义学习区别于人本主义罗杰斯的有意义学习,罗杰斯认为的有意义学习是与个体经验结合在一起的学习,并且这种学习影响未来的选择。下位学习又称“类属学习”,是指将多个概括程度较低的概念或者命题,归类到能涵盖这些概括程度较低的概念或命题的概念或者命题之下。上位学习是指新的概念或命题的概括范围能包容已有的概念或命题时,将已有的概念或命题纳为己有从而使新概念被赋予意义。组合学习是指,新学习的概念与原有的概念既不是上位关系也不是下位关系时的学习。在现在的教育教学当中,普遍采用讲授法上课,涉及讲授法便会涉及接受学习,所谓接受学习是指,由学习的教授者引导受教育者接受事物意义的学习。在学习的过程中,不同的学习方式能对不同的知识点内化学习有不同程度的帮助和效果,同样,不同的个体对不同的知识接受程度和学习方式的接受程度是不一样的。因此,对知识的内化程度、速率以及方式可能会存在差异。但是,只要能将知识内化并应用于解决实际问题,提升自己,那就达到了教育的目的性,也达到了教育教学的有效性。

针对学习知识多少的接受程度,每个人都是不一样的,而过多的知识输入会让人产生疲劳和负荷。加涅从信息加工模型,考虑到受教育者的认知容量有限的条件,提出了认知负荷理论,该理论认为人的认知资源是有限的,当外界输入的信息超过个体所拥有的认知资源的总量时,就会出现认知资源分配不足的状况,进而影响学习或者问题解决的效率。认知负荷有内在认知负荷,即个体在处理两个知识点之间的相互作用为工作记忆带来的认知负荷,这种认知负荷取决于个体在工作记忆中保持的、用于理解的信息单元数量;外加认知负荷是因为设计学习任务所带来的负荷,以及呈现信息的方式;生成认知负荷是用于图式获得和技能自动化的认知负荷,具体用于保持表征以及生成意义等加工过程。当输入的信息过多、呈现的方式不一的时候,它会优先处理那些重要的信息,进而或忽略掉在此刻不是很重要的信息,由此可知,在教育教学的过程中,除了讲究质外,也要注重对量的把控,不能一味进行知识轰炸而不顾学习者的接受程度与接受的多少,知识的轰炸结果,可能会导致不但达不到预期目标,甚至可能会出现相反的结果而达不到教育教学的目的。

第二节　心理学视域下高校第二课堂实践育人有效性的特征

基于大学生心理发展角度,第二课堂的开设是大学生教育工作的一种重要教育人策略,其核心在于该机制设立的有效性。通过全面推动的实践活动,以心理学理论为依据,为提高第二课堂实践者的有效性的研究奠定了基础。以实现教育策略研究与实践的全面发展。笔者认为,心理学视域下大学生第二课堂实践育人有效性的特征可以概括为合规律性、民主平等性、制度明确性、综合实践性、自我内化性以及知情意行统一性。

一、合规律性

实践教育是在开展合乎规律的各类活动中积极引导学生,对学生进行教育、培养以及塑造,在尊重、理解、关心和帮助的前提下开展的教育活动。要求教育方式方法的适应性、灵活性,确保教育目标的准确性、全面性、科学性、针对性。除了依据和遵循综合实践活动的教育规律外,还应该遵循大学生的心理规律、认知发展水平的不同和发展规律。第二课堂实践育人教育的合规律性,还意味着其依据大学生参与实践活动的心理结构,即参与意愿、兴趣等,注重大学生综合实践育人教育的主观能动性,把社会要求的政治立场、道德规范与准则、学生专业素养和特点等方面,通过有的放矢的内容,恰当灵活的方式方法,都是经过教育者科学合理设计的。让学生磨练道德意志,提高职业素养,再外化为学生的职业能力,通过自我体验、自我学习内化的社会需求,实现对学生专业素养不断发展的有效培养意识,提高大学生专业能力水平的有效培养。

二、民主平等性

在大学生教育教学方面,很多学者都介绍了教育活动中的主、客体属性与概念,为高校第二课堂实践育人机制建立良好的师生关系提供了理论指导。其中有如《课程标准》中明确指出学生是学习的主体,又如苏令银认为"教育者与受教育者是平等的关系",切实证明民主平等性在第二课堂实践育人的教育有效性中有重要作用。第二课堂实践育人活动的组织者,即教育者要把受教育者——关注大学生个体的情感需求和人生体验,作为与自己平等的生命个体而存在,对其独立人格、价值尊严给予充分尊重,并将这种情感需求与实践育人教育活动相融合,把这种情感需求与生命价值相结合,从而把这种情感需求和生命价值在实践活动中调动学生的积极性,促进高校第二课堂有计划、有序地开展。

三、制度明确性

明确的管理制度和加分条例,是高校第二课堂实践育人机制教育有效性的重要特征,在一定程度上的强制性和学生权益的保障性是开展第二课堂实践育人的重要基础。高校管理大学生的措施比中学阶段要更为灵活,以学生的主观意愿为主,鼓励学生发展;但完全放任学生自主发展显然是不合规律的。因此,各高校在第二课堂教育中制定了一定的门槛。即:将大学生第二课堂学分达到一定分数作为学生的毕业条件之一。其次,高校制定了落到实处的管理制度。各高校的相关第二课堂条例对大学生在参与实践育人活动过程中的保证进行了明确的规定,从而使大学生能够继续吸引参与到实践活动中去;而明确的加分制度,是鼓舞学生参与实践活动的要素,以学分为"中介",将大学生和综合实践育人活动相联系,在学生感兴趣的基础上增加砝码,逐步培养学生积极参与综合实践活动的意识,提升大学生的综合实践素质与能力。在明确的制度条例管理的感染下,从心理学视域分析,大学生对于参与实践活动的认同感会更高,且在一定程度上形成遵循制度、合理合法的处事观念。

四、综合实践性

第二课堂旨在参与党团教育、社会实践、志愿服务、学术活动、创新创业、素质拓展、文体竞赛、担任团学干部、以育人为核心、以培养学生学习能力和综合素质为目的的开放性教育实践活动。习近平总书记指出，要注重文化和实践育人，加强第二课堂建设。

把理想信念、社会主义核心价值观、文化教育等内容有机融入，培养德智体美劳全面发展的时代新人的重要载体，体现在高校第二课堂实践育人的成效，其实质就是着眼于为党育人、为国育才的目标。灵活多样的形式，丰富多彩的内容，作为"三全教育人"的重要阵地，高校第二课堂对青年学子的吸引力更大。因此，把加强理想信念教育放在第二课堂组织实施的首要位置。高校要善于组织大学生感兴趣的社会实践活动，让大学生们在参加校内校外的社会实践活动中，深刻学习领会习近平总书记关于新时代中国特色社会主义思想的内涵，拥有远大志向和永远跟党走的坚定理想信念，同时树立与党同进步、同发展的理想信念，道路自信、理论自信、制度自信、文化自信，中国特色社会主义更加牢固。

五、自我内化性

在开展外在的第二课堂实践活动这一过程中，起着基础作用和关键作用的是内化性的教育实践活动。大学生第二课堂实践育人有效性的特征之一是自我内化性，其本质就在于高校通过组织各类主题活动，如"师德师风"系列活动、"喜迎二十大"系列活动等，让大学生在综合实践育人活动中经历自我及团体合作实践探索的过程，感悟主题活动所蕴含的思想意识、道德认识与观念以及行为规范等，不断地将这些转化为自己的个体意识，并自愿地将这些外在要求作为自己的价值准则和行为基础，从而达到自我内化的效果，达到自我完善，社会对此的要求是这样的。自我内化性也随之指出，在实践育人教育中，要充分利用组织者、教育者的主导作用，引导大学生积极参与、主动合作，通过对大学生的生理内在动力、心理内在动力的发挥，使实践人成为"入心""践行""体验"与"成体"，从内化思想到外化行为的传递者。

六、知情意行统一性

“知、情、意、行”是心理学研究的四个基本领域，认知、情绪、意志最终都会通过行为进行表现，也只有行为才能真正被外界和自我感知与认识。高校第二课堂实践育人教育的根本目标是努力把当代大学生培养成为符合社会发展要求的道德行为。心理学理论提出：品德结构包括道德认知、道德情感、道德意志、道德行为等方面，是一个人品德结构的构成内容。其中，道德认知是必须依靠道德情感、道德意志的催化和推动，才能使道德认知成功启动并进一步发展。对社会现象中产生的或积极或消极的主观感受，用一定的道德认知来评价和分析，作为人的主观情感体验。积极的主观感受可以有利于进一步强化大学生的道德认知，形成强烈的认同感。道德情感“对于某种意识形态的亲近和接纳，完全是人们发自内心的、自觉自愿的”，是锤炼坚强的道德意志之本，是人们发自内心地高度认同道德情感。

人们在践行道德规范、遵循社会准则、履行道德义务的时候，如果没有强大的道德意志，就会丧失自觉克服困难、排除万难的动力和坚韧不拔的意志，就会丧失遵守社会准则要求的道德品行，从而丧失奋发向上的动力。大学生思想道德形成和发展的过程，知行合一缺少了任何一个环节，就很难形成一个完整的道德架构，就很难产生良好的道德行为，这是一个相互促进、渗透与制约相并存的螺旋式上升过程。心理学视域下高校第二课堂实践育人教育有效性要求，在教育内容上需要按照大学生思想品德实际，坚持道德认知统一、道德情感统一、道德意志统一、道德行为统一，即知情意行统一，遵循道德形成与发展规律，致力于培养大学生良好的道德认知，形成浓厚的道德情感，产生合理与正确的道德行为，最终形成知书达理、知行合一的健康行为习惯。

第三节　心理学视域下高校第二课堂实践育人有效性的依据

所谓实效，是指在实施第二课堂实践育人教育活动中，教育者所期望达到的结果，具体实践活动及其成果在满足相应主体需求方面所表现出来的积极性。在教育活动中，教育活动对指导教育活动的方向、具体活动的操作和实施、活动的成效等方面，都有重要的地位和意义，为活动的结果提供了具体的依据和检验的标尺。

一、教育目标设立的依据

在开展实践工作中，需要具有一定的前沿性，能够从实际出发，但又超越实际，在实践中充分反映实践育人规律，兼顾开展活动所涉及的主客观条件，并在实践中加以贯彻落实，从而对活动取得的成效起到指导和保障作用。这才是有效的第二课堂实践育人教育的目标。实践育人教育目标的成效，更多地体现在整个教育目标的制定、修订、实施和完善的实现过程中，体现为一种动态的操作。同时，在操作过程中需要教育者和受教育者的积极配合，实践育人教育目标的有效性才能在遵循这一动态操作原则的基础上体现出来。高校教育目标设置的科学性、建设性和可操作性，主要体现在实践育人教育目标在第二课堂的有效性基础上。

（一）高校第二课堂实践育人教育目标设立的科学性

科学性要求严谨求实、有理有据，因此在制定第二课堂实践育人教育目标时，为了保证其科学合理，在开展的过程中，充分考虑各种主客观因素，分析实现的可能性，寻找各要素的结合点，制定合理的目标，从实际出发,体现各要素的要求。

科学性的依据之一:以玉林师范学院设立第二课堂实践育人教育目标为例,在制定目标时,结合现实条件,同时,以服务于国家政策需要、反映社会价值取向为前提,以受教育者身心发展规律及教育规律为基础,充分考虑国家、社会需求和受教育者状况这两个主要因素,在制定第二课堂实践育人教育目标时,在衔接中寻找有效统一的切入点,实现社会与个人的价值目标。

科学性依据之二:高校第二课堂实践育人教育目标的设立是居于布鲁姆的教育目标分类学基础上的,是大学生第二课堂实践育人教育目标设立的依据。以玉林师范学院为例,在大学生第二课堂实践育人教育目标设立时,巧妙地将认知目标、情感目标和技能目标有机统一起来,从而使大学生在接受第二课堂实践育人的过程中,达到知悉、理解、运用、综合、分析、评价的认知目标;也达到了培养大学生强烈的爱国情感,坚定的政治立场,正确的世界观、人生观、价值观。

(二)高校第二课堂实践育人教育目标设立的建设性

大学的第二课堂实践育人教育目标不能千篇一律,教育目标的建设性意义必须随着其各种要素的变化和发展而不断发展和完善,才能保持其有效性。

建设性,既要面向受教育者,通过采取各种措施来充分调动受教育者参与教育活动的热情,确保教育活动取得实实在在的效果;同时,使具体教育目标鲜明地体现时代性,是在实现的基础上面向未来的。根据整体目标设定的方向,做到层次性和整体性相统一。能够以建设性的教育目标,调动教育双方的积极性,积极主动地投身到教育活动中去。具体的教育目标具有阶段性的适应性,是特定时空的产物,即一般情况下,特定的教育目标,往往具有长期固守某一内容不变的特点,具有相对的稳定性和滞后性。而滞后的教育目标则容易导致教育者思想停滞。因此,教育目标往往具有相对的稳定性和滞后性。然而,随着周围环境的变化、社会的发展、新旧矛盾的变化,由于落后于时代,教育活动的指导作用往往无法继续发挥,原来的教育目标必须退出历史舞台,必须及时补上留下的空白,教育目标成效受到挑战。这就要求必须在时间和空间的变化中,对反映阶段性的目标进行适当调整。为此,高校第二课堂实践育人教育目的设立，为了规避这样的情况出现，其教育目的的设立是基于人本主义理论的基础，充分尊重人性、以人为本。

培养人要重视教育者的创新与突破，要根据当前时代背景的特点和需要，结合社会的整体需求，重视教育者的自我发展与自我完善。立足现实发展，让教育者在不断充电、完善知识结构、寻找新的教育方法的自我发展中，给教育者一种积极行动的压力。同时，还调动起受教育者学习的激情，主动参与学习，从自我发展的前提出发，促进自我人格的健全，保证取得良好的教育实效。

（三）高校第二课堂实践育人教育目标设立的可操作性

可操作性是实践课程育人的内在推动力，即以人为目的，体现在实践过程中，肯定于实践成果。“一个教育目标，必须是能够转化为配合受教育者开展活动的一种方法，这个目标一定要提出所需要的环境，把他们的能力解放出来，组织起来。除非这一目标有助于制定实施的具体程序，才能检验、修正、发挥的作用，否则目的就没有任何价值了”。即有效的实践育人教育目标，必须引导教育者在科学合理的理论支撑下，通过内化于心、外化于行、影响了教育环节的创建和提高过程，对教育内容的认识、吸收和消化都积极主动地进行学习，唤起被教育者的兴趣，自觉主动地进行自我教育，引导创设和创新教育方法，最终达到预期目的。各方面因素的协同配合，特别是受教育者自身的积极参与和主动转化，只有在具体的教育过程中，才能达到目的的效用。当然，有效地实践育人目标，还应充分考虑受教育者在教育活动中的关键作用——操作（实践）的主体问题。设立第二课堂实践育人教育目标，综合考虑各种主客观因素，符合科学性要求，理论只有运用于实践才能证明其价值；并且随着时代的发展不断完善，体现出建设性，但是如果在操作领域没有得到贯彻执行，不能取得理想的操作效果，同样无法获得令人满意的效果。只有在具体实践活动中得到落实，实践成果得到印证，才是实践育人教育目标成效的底线，也是第二课堂实践育人教育目标成效的底线。

二、教育内容选择的依据

教育活动自身是一种有目的的活动,它的目标最根本表现为人的培养目的,也就是由文化的传播来培养受教育者。学校的教育流程并非传授和传授人累积的所有文化,而是“复制”自然的文化流程,它只是一种典型的文化,可以有效地组织它们,从而达到教育目标。这个问题是由学校教育中提倡以人为本理念、以学生为主体、为学生提供成长平台的课程编制和课程教学来实现的,在此基础上更深层次地开展以人为本活动的高校第二课堂育人机制的实践。学校具有培养人才和科技文化服务社会发展的功能,但学校的办学历史和办学经验、办学条件和设施、师资力量和科研水平、学生整体素质和文化基础的原始性等方面存在差异。因此,大学第二课堂实践中人的教育的有效性必须从理论上和实践上来实现。

(一)依据学校的办学特色和人才培养特色,选择教育内容

教育内容的选取,是影响学校生存和发展的大事,要根据学校教学特色和人才培养特点进行选择。高校第二课堂实践育人教育是根据我国目前实行市场经济条件下区域经济社会发展水平的巨大差异,以及高校教育发展水平的不同、教育对象需要多样化等因素,形成以高校发展需要个性化、适应性、创造性为基础,对教育内容进行选择的一种对我国高等教育发展的分类,即高校发展需要在个性化、适应力和创造性的基础上进行教育内容选择的。如玉林师范学院为师范类院校,其第二课堂实践育人教育内容的选择,是基于当前社会需要在正确的政治立场基础上,结合本校的教育教学特征开展的各类师德师风类比赛、教师技能、教学应用类竞赛等活动,在活动中培养学生的教师道德和教育教学技能实践能力。

(二)依据高校第二课堂实践育人教育的特征,选择教育内容

把人的自我实现归结为潜能的发挥,强调人的尊严、价值、创造力和自我实现的人本主义心理学,主张心理学一定要研究人的心理,要从人

的本性出发。其主要代表人物马斯洛的需求层次理论认为,人的需要是分层次自我实现的,这是理论的核心,即个体存在的原因和生命意义的原因,都是自我实现的原因。高峰体验是人生中经常产生高峰体验才能顺利实现短暂的自我实现时刻。第二课堂实践育人教育内容的选择和有效性的提高,需要确立以人本主义心理学的需要层次理论和自我实现与高峰体验的相关理论为基础。

当今社会不断发展,大学生随着年龄和阅历的增长,生理与心理方面都在不断成熟与成长,对未来的发展充满憧憬。但是伴随社会竞争压力愈来愈大,焦虑感越来越强。因此,注重和满足大学生思想品德成长和发展需要,应选择高校第二课堂实践育人内容。只有关注并满足大学生思想品德成长发展的需要,才会使大学生与第二课堂实践育人真诚贴近,自愿主动接受教育内容,教师与学生在教育过程中相互配合,学生主动自愿配合与支持教师的教学工作,在教育过程中主动接受教育内容,主动接受第二课堂实践活动,共同促进教育实效的不断提高。

另一方面,维果茨基的近期发展区理论和赞科夫的教育与心理发展理论则认为,在选择教育内容时,教育者不仅要优先考虑学生的身心发展规律,同时还要结合学生的实际情况适当高于现有的发展水平。既要注意教育内容的可接受性,又要注意教育者的心理发展水平尤其是认知需求。通过开展积极的教育促进大学生认知心理的发展和思想道德水平的提高,消除他们对教育内容的抵触甚至反感。

三、方式方法选用的依据

高校第二课堂实践育人教育在开展教育教学过程中,方式方法选用是基于建构主义心理学理论基础上的。建构主义心理学认为:知识不仅仅是由教师传授而来,而是在一定情境下,即社会文化背景下,借助于他人帮助,通过意义建构的方式获得。即:获得知识的多少,主要看学习者能不能按照自己的经验,把知识的意义建构起来。在现实的教育教学过程中,要充分发挥学生的主体作用,以学生为中心,让学生参与、合作,成为意义的积极建构者,才能提高学生的学习效果和效率。此外,还需要教育者以“学生为中心”,正确认识学生的认知主体作用。同时,教师要以激发学习兴趣、推动学习动力为目的,以教育载体、方法和途径为导向，建构促进学生当前所学意义的有效育人环境，应该在各种情况下多商量、多沟通，形成交流中的协同学习。通过协同学习过程的有效指导，使得它对意义建设的方向发展起到促进作用。

此外，作为教育者，我们要充分尊重并承认学生是一个个体，是客观存在并具有个体差异性。因此，在认识上、个性上、应变能力上、政治思想品德上、学习上都应该尊重。客观存在个体的差异性，提供了因材施教的重要理论遵循。而且在实践育人中选择适合、灵活的方法，也为高校第二课堂提供了坚实的理论支撑。即以具体教育内容为依据，以具体教育对象为对象，以实际教育情景为依据，运用恰当灵活的教育方法，提高高校第二课堂实践育人教育的针对性、实效性和亲和力，以达到教育目标的预期。切实引导学生在情感体验上充分认同、积极参与，使教育方式方法为学生所欣赏、所喜欢，进而增强第二课堂实践育人教育的针对性、实效性和亲和力，从而提高教育方式方法的可接受性、感染力和满意度。

四、教育过程优化的依据

高校第二课堂实践育人教育过程的优化成效，是基于心理学基础上开展的，从心态心理上分析是有必要的；态度心理学包括态度结构、态度形成、态度改变心理学。行为意图是个体对某一物体的反应倾向，并不是指人的行为，而是指人的思想准备，也就是行为的准备状态，人们才会作出行为。态度的结构理论认为，实现提升大学生认知水平的统一、情感培养的统一、优秀行为养成的统一，使大学生在大学第二课堂实践育人教育的过程中获得愉悦、追求愉悦、自我潜能的全面发展。这就要求教育者在开展第二课堂实践育人教育的过程中，既要让大学生在认识、理解、运用、综合、分析、评价中形成知书达理、学以致用，又要追求认知教育、情感培养、行为训练的协调统一；还要培养大学生拥有坚定的政治立场与理想信念，强烈的爱国心，在自己的价值体系中内化强烈的爱国之心、强国之志、报国之行；更要把大学生表现出来的自觉、适应、创新的行为，在日常的社会实践中，加以培养和引导。

态度形成阶段的理论，既是心理学视域下高校第二课堂实践育人教育有效性的基本特征，也是高校第二课堂实践育人教育过程优化的基本原则。大学生通过第二课堂实践育人教育者的理论教育、宣传引导，在教育者等社会教育因素的共同作用下，积极主动参与，自愿地将其作为自己的价值准则和行为基础，自觉地用制度规范自己。同时，在第二课堂实践育人教育中，充分利用教育者的主导作用，引导其积极参与、合作，坚持内化规律、内化逻辑流程的大学第二课堂实践育人教育，充分发挥大学生的内在动力，使第二课堂实践育人成为“入心”“践行”与“体验”。

从态度的角度来看，态度改变说服力模型是1959年由美国心理学家和传播学家霍夫兰德提出的。他认为，改变态度是一个系统工程，既要影响劝者的信誉度、专业性，也要通过劝导的方式、手段来改变态度；接收者在一定的环境与条件下，态度也会受到影响与改变。根据态度改变的理论，高校第二课堂实践育人教育作为一种塑造人的过程，其实质在于培养大学生对于社会要求良好的认知和情感，形成良好的行为习惯。其中，在这个过程中需要教育者、受教育以及第二课堂实践育人的各要素等协同作用才能实现的。

首先，在高校第二课堂实践育人中，教育者在态度上要注意自己所扮演的角色和相互之间的联系，注意认知、情感和行为这三者之间的协调和统一。作为高校第二课堂实践育人教育者，要不断学习，提高自己的专业性、可靠性、吸引力，也就是要提高自己的素养和第二课堂实践育人影响力，注重选择、组织、讲解第二课堂实践育人的内容，提高第二课堂实践育人内容的吸引力。其次，选择和运用合适的教育方式和方法，形成良好的理论认知和服从，以引起大学生对理论标准和要求的重视和兴趣，进行第二课堂的实践育人。再次，通过理论宣讲、朋辈传帮带、社会实践、榜样作用等方式，带动大学生良好行为的产生，促进大学生良好习惯的养成，通过他们自身的主动内化，内化于心，增强大学生积极向上的情感体验和认同感。

五、教育要素协调的依据

（一）品德结构论

道德作为一种社会现象，是个体根据稳定的、一定的道德行为准则行动时所表现出来的行为。从前面高校第二课堂实践育人有效性要素结构模型得知，高校第二课堂实践育人的成效包括三大要素体系：环境要素、核心要素、管理运行要素,每个要素体系的运行方式和发生机制在不同的品德结构层面是不一样的。因而,在高校第二课堂实践育人过程中,要合理协调各种教育要素,优化配置各种教育资源,最大限度地促进知情行为者之间的协调统一并设计有效的教育方案。

(二)道德发展阶段论

美国心理学家柯尔伯格的道德发展阶段理论认为,人的道德发展分为"三水平六阶段"。每个阶段既有共同的发展任务,但同时具有不同的发展点。因此,这就要求教育者实行差异化的道德教育,需要经历由低级阶段向高级阶段发展,也是需要各阶段交叉混合发展的过程。因此,要提高高校第二课堂实践育人教育的实效性,必须遵循道德形成与发展规律,按照大学生道德发展所处的阶段和水平,在此基础上分层递进教育目标定位、循序渐进教育内容选择、有机衔接非同等学段内容、恰当的教育方式方法、优化组合,教育对资源的分配是有保障的。最终,实现第二课堂实践育人教育要素体系的有机协调、整体推进,形成教育的强大合力,使第二课堂实践育人的实际效果不断提高,在效果、效率、效益三个方面形成协调统一的效果。

六、教育对象把握的依据

由于每位大学生从小到大的生活环境与生活经历、父母的素质与受教育程度对学生的影响,学生的学习认知水平等方面的差异,使学生具有不同的心理特点,主要体现在智力和非智力两个方面。因此,作为教育者必须重视这种个体差异,因材施教,才能提高第二课堂实践育人的实效。

(一)智力差异与第二课堂实践育人

人的聪明才智比较稳定,但并非一成不变。因此,不同发展阶段的个人智力水平存在差异,更重要的是各方面水平也存在差异。要求实行差异化的第二课堂实践育人。个体智力差异启示教育者:精准分析、全面把握大学生的智力差异,才能提高高校第二课堂实践育人的有效性,这是提高高校第二课堂实践育人成效的必然要求。并正确设定教育目标，合理取舍教育内容，针对大学生的智力差异，适当选择教育的方式方法，提高目标的针对性和适用性，如目标、内容、方式、方法等。组织开展形式多样的第二课堂实践育人教育活动，在充分了解大学生心理特点、把握大学生智力差异的基础上，供他们选择和参与；采用同质分组教育的方法，进行第二课堂的实践育人活动。

（二）非智力差异与第二课堂实践育人

非智力因素主要包括气质、性格、能力、情感、意志、需要、动机等，不直接参与对客观事物的认识，但是它具有引导和调节作用。个体不仅存在智力差异，也存在非智力差异，第二课堂实践育人教育既要重视和研究大学生的智力差异，也要重视和研究他们非智力差异。

第一，气质差异和第二课堂实践育人。气质是指人的典型的、稳定的心理特征，包括心理活动的快慢、强度、稳定性和指向性等。这些不同的特点组合在一起，就构成了个人气质类型。气质类型分为四种：多血质、胆汁质、黏液质、抑郁质。在第二课堂实践育人中，由于大学生气质类型的不同，使其对高校第二课堂实践育人的认知、情感、意志存在显著的差异。因而，高校第二课堂实践育人教育者要实施针对不同气质类型的大学生进行教育教学，切实将实践育人的第二课堂教育落到实处。

第二，性格差异与第二课堂实践育人的性格类型、特点、结构、优劣等各方面差异较大，从而形成千差万别的性格表现，这是由于大学生的先天条件、生活环境以及社会实践情况不同。心理学和教育学的研究结果显示，无论是学习方式、认知方式，还是单位时间信息摄取量，不同性格的大学生之间的差异都非常大。如性格外向的大学生，平时注重人际关系，喜欢与老师同学们交流、互动，较容易接受新事物；性格内向的大学生，在参加活动方面缺乏主动参与的意识；而比较乖巧的学生，在教育教学过程中都能积极、主动地参与，学习的质量与速度都较高。因此，热情、开朗、乐观、积极等个性特点，可以有效地提升学生的学习信心，从而达到对未来情感上的满足。而性格不好的大学生，容易受外界的影响，经常表现出消极、恐惧等不积极的情绪，进而影响学习的行为，导致第二课堂实践育人的实际效果受到影响。因此，在高校的第二课堂实践育人中，教育者要高度重视针对性，通过不同的教育方式和教育手段，针对大学生不同的性格特点，采取不同的教育方法和教育手段，才能使第二课堂实践育人的有效性得到进一步提高。

第三，能力差异和第二课堂实践育人。现实生活中，大学生们的能力差别很大。有些人拥有惊人的记忆力，可以过目不忘；有的人具有较强的理解能力，可以举一反三；有的人具有深刻的见解和逻辑思维能力，透过纷繁的现象，发现事物的本质，等等。因而，在高校第二课堂实践育人中，要提高第二课堂实践育人有效性，不仅要注意大学生在气质、性格上的不同，也要注意适应能力的不同。我们不仅要了解和分析大学生的能力结构、能力特点，而且要清楚地了解他们的能力优势及不足之处，注意扬长避短，使他们的主观能动性和创造性在第二课堂参与实践育人教育中得到最大限度发挥。同时，真正做到"因材施教"，提高第二课堂实践育人的实效性，要根据大学生接受能力的不同，选择不同的教育方式方法。

本研究就是基于以上理论观点，寻找心理学与高校第二课堂实践育人有效性的契合点，为提升其有效性奠定坚实的理论基础。

第三章　基于心理学视域下的高校第二课堂实践育人有效性的实证分析

为了更好地对心理学视域下的高校第二课堂教育教学有效性进行研究，本章采用问卷的形式对当下高校学生和教师进行第二课堂教育教学有效性情况进行调查，通过对收集到的数据采用SPSS 23.0进行描述性统计分析、多重相应分析、单因素方差分析以及性别差异检验分析。

第一节　调查的目的、对象、问卷的信度与问卷的效度

一、调查的目的

通过教师和学生对第二课堂教育教学有效性进行分析，通过分析的结果了解当下高校第二课堂的现状；通过分析的结果，从心理学视域出发对提高高校第二课堂教育教学的有效性提供一个切实可行的思路。

二、调查的对象

本次调查通过问卷星平台线上发放问卷，采用自编问卷对第二课堂教育教学的有效性进行数据收集，问卷分为学生和教师两类，其中学生问卷中包括7个子问卷，分别是：教育内容有效性问卷、教育方式有效性问卷、课堂教学有效性问卷、教育环境有效性问卷、教育者有效性问卷、党团组织有效性问卷和教育结果有效性问卷，教师问卷包括8个子

问卷,分别是:教育目标有效性问卷、教育内容有效性问卷、教育方式有效性问卷、课堂教学有效性问卷、教育环境有效性问卷、教育者有效性问卷、保障体系有效性问卷和教育结果有效性问卷。通过问卷星平台收集到的数据中,学生问卷共收回366份,教师问卷共收回38份,根据三个标准差原则对收集到的数据进行异常值的剔除,其中学生问卷剔除4份,有效问卷362份,教师问卷剔除1份,有效问卷37份,问卷回收总有效率为98.762%。

三、自编问卷信度与效度检验

采用的自编问卷《大学生第二课堂教育教学有效性调查问卷(学生问卷)》(见附件)中,7个子问卷包含的题目为,教育内容有效性问卷:1、2、3、4、5、6、7、8、9、10、11、12;教育方式有效性问卷:13、14、15、16、17、18、19、20、21、22、23、24、25、26;课堂教学有效性问卷:27、28、29、30、31;教育环境有效性问卷:32、33、34、35、36、37、38、39;教育者有效性问卷:40、41、42、43、44、45;党团组织有效性问卷:46、47、48、49;教育结果有效性问卷:50、51、52、53、54、55、56、57、58、59。其中《高校第二课堂教育有效性调查问卷(教师问卷)》中,8个子问卷包含的题目为,教育目标有效性问卷1、2、3、4、5、6;教育内容有效性问卷:7、8、9、10、11、12、13、14、15、16、17、18;教育方式有效性问卷:19、20、21、22、23、24、25、26、27、28、29、30、31、32、33;课堂教学有效性问卷:34、35、36、37、38;教育环境有效性问卷:39、40、41、42、43、44、45、46;教育者有效性问卷:47、48、49、50、51、52;保障体系有效性问卷:53、54、55、56;教育结果有效性问卷:57、58、59、60、61、62、63、64、65、66。

信度(Reliability)是指通过工具测量结果的可靠性程度,也即使用同一种测量工具多次对某个特征进行测量,所得的结果是一致性的程度,效度(Validity)是指测量结果的有效性,也即通过测量工具能测出想要的结果。克龙巴赫 α 系数是评判一个问卷内部一致性的一个标准,目前普遍认为的评判标准是,问卷内部一致性很高的评判标准是克龙巴赫 α 系数大于0.900,评判问卷内部一致性可接受的标准是,克龙巴赫 α 系数为0.700 ~ 0.900,而当问卷的内部一致性克龙巴赫 α 系数为0.600 ~ 0.700,表明该问卷存在一定的问题,但也有一定的参考意义,当问卷内部一致性克龙巴赫 α 系数在0.600以下的时候,表明该问卷存在很大的问题，需要对问卷进行修改，考虑重新设计问卷。

对收集到的学生问卷数据进行信度检验，结果显示学生问卷的总克龙巴赫 α=0.998，教育内容有效性问卷的克龙巴赫 α=0.991，教育方式有效性问卷的克龙巴赫 α=0.991，课堂教学有效性问卷的克龙巴赫 α=0.980，教育环境有效性问卷的克隆巴赫 α=0.987，教育者有效性问卷的克龙巴赫 α=0.989，党团组织有效性问卷的克龙巴赫 α=0.980，教育结果有效性问卷的克龙巴赫 α=0.992，经过统计结果发现《大学生第二课堂教育教学有效性调查问卷（学生问卷）》的内部一致性系数和各个子问卷的内部一致性系数均在 0.900 以上，表明该问卷的信度很好。如表 3-1 所示。

表 3-1　大学生第二课堂教育教学有效性调查问卷（学生问卷）内部一致性检验

变量	克龙巴赫 α 系数	项目数
问卷总信度	0.998	59
教育内容有效性	0.991	12
教育方式有效性	0.991	14
课堂教学有效性	0.980	5
教育环境有效性	0.987	8
教育者有效性	0.989	6
党团组织有效性	0.980	4
教育结果有效性	0.992	10

对收集到的教师问卷数据进行内部一致性信度检验，经检验结果显示，教师问卷的总体克隆巴赫 α=0.996，教育目标有效性问卷克龙巴赫 α=0.920，教育内容有效性问卷的克龙巴赫 α=0.986，教育方式有效性问卷的克龙巴赫 α=0.992，课堂教学有效性问卷的克龙巴赫 α=0.972，教育环境有效性问卷克龙巴赫 α=0.989，教育者有效性问卷的克隆巴赫 α=0.995，保障体系有效性问卷克隆巴赫 α=0.983，教育结果有效性问卷克隆巴赫 α=0.952，从对问卷进行内部一致性检验结果显示，问卷总体和各子问卷均有很好的信度。如表 3-2 所示。

表 3-2 高校第二课堂教育有效性调查问卷(教师问卷)内部一致性检验

变量	克隆巴赫 α 系数	项目数
问卷总体有效性	0.996	66
教育目标有效性	0.928	6
教育内容有效性	0.986	12
教育方式有效性	0.992	15
课堂教学有效性	0.972	5
教育环境有效性	0.989	8
教育者有效性	0.995	6
保障体系有效性	0.983	4
教育结果有效性	0.952	10

一个问卷的效度是指,使用该问卷去测相应的特质能够测出相应的特质,即能测出想要测的。一个自编问卷的有效程度如何,需要进行效度检验,对《大学生第二课堂教育教学有效性调查问卷(学生问卷)》进行效度检验分析的结果显示,巴特利特球形检验 KMO=0.977,近似卡方值为 53549.189, $p=0.000<0.050$。此外,分为 7 个维度,最后一个维度的总方差解释为 93.282%,如表 3-3 所示。

表 3-3 《大学生第二课堂教育教学有效性调查问卷(学生问卷)》效度检验

KMO	近似卡方	p	总方差解释
0.977	53549.189	0.000	93.282%

问卷的总效度很好,对问卷的各个子问卷进行效度分析,结果显示,8 个问卷——教育目标有效性问卷、教育内容有效性问卷、教育方式有效性问卷、课堂教学有效性问卷、教育环境有效性问卷、教育者有效性问卷、保障体系有效性问卷和教育结果有效性问卷的 KMO 值均大于 0.8,并且 p 值也均小于 0.05,表明该问卷具有良好的效度,可以用于施测。此外,信度高是效度高的必要不充分条件,即如果一个问卷的信度很好,则说明该问卷的效度也很好,并且内部一致性系数高是所有信度高与效度高的必要不充分条件,即一个问卷的克龙巴赫 α 系数高表明该问卷具有良好的信度与效度,可以用于施测,而通过对《高校第二课堂教育有效性调查问卷(教师问卷)》进行内部一致性检验结果显示,克

龙巴赫 α 值均大于 0.9，表明教师问卷也具有良好的效度。如表 3–4 所示。

表 3–4　学生问卷各个子问卷效度检验

维度	累积方差解释（%）	巴特利特球形度检验		
		KMO	近似卡方值	p
教育内容有效性	91.144%	0.967	8893.098	0.000
教育方式有效性	89.613%	0.968	10099.447	0.000
课堂教学有效性	92.690%	0.913	2936.564	0.000
教育环境有效性	91.730%	0.955	5481.194	0.000
教育者有效性	94.711%	0.935	4431.158	0.000
党团组织有效性	94.403%	0.864	2388.884	0.000
教育结果有效性	93.435%	0.969	7847.416	0.000

第二节　高校开展第二课堂实践育人的有效性分析

一、描述性分析

本次用于研究的调查问卷采用李克特 5 点计分的方式（1= 无效，2= 较无效，3= 较有效，4= 有效，5= 非常有效），即得分越高，表明在调查的群体当中认为高校第二课堂教育教学的有效性效果越好；得分越低，表明在调查的群体当中认为高校第二课堂教育教学的有效性效果越差。经过对学生问卷和教师问卷进行描述性分析结果显示，总体有效性的平均分为 239.738，教育内容有效性问卷的平均分为 48.591，教育方式有效性问卷的平均分为 56.001，课堂教学有效性问卷的平均分为 20.204，教育环境有效性问卷的平均分为 32.445，教育者有效性问卷的平均分为 24.423，党团组织有效性问卷的平均分为 16.304，教育结果有效性问卷的平均分为 40.834，具体如表 3–5 所示。

表 3-5 高校第二课堂教育教学的有效性描述分析(学生问卷)N=362

变量	M	SD
总体有效性	239.738	49.928
教育内容有效性	48.591	10.293
教育方式有效性	56.001	11.864
课堂教学有效性	20.240	4.286
教育环境有效性	32.445	6.952
教育者有效性	24.423	5.176
党团组织有效性	16.304	3.503
教育结果有效性	40.834	8.784

在对教师调查得分进行描述分析,得出问卷总体有效性以及各个子问卷相应的平均值,总体有效性平均分为 301.270,教育目标有效性问卷的平均分为 27.162,教育内容有效性问卷的平均分为 54.626,教育方式有效性问卷的平均分为 60.027,课堂教学有效性问卷的平均分为 22.919,教育环境有效性问卷的平均分为 36.595,教育者有效性问卷的平均分为 27.649,保障体系有效性问卷的平均分为 18.270,教育结果有效性问卷的平均值为 45.027,具体结果如表 3-6 所示。

表 3-6 高校第二课堂教学有效性描述分析(教师问卷)N=37

变量	M	SD
总体有效性	301.270	43.606
教育目标有效性	27.162	4.450
教育内容有效性	54.626	8.668
教育方式有效性	69.027	9.302
课堂教学有效性	22.919	3.174
教育环境有效性	36.595	4.896
教育者有效性	27.649	3.802
保障体系有效性	18.270	2.765
教育结果有效性	45.027	7.422

问卷的总体平均分以及各个子问卷的平均分,只能从整体来反映这个问卷的情况,不能更为直观地展现出问卷总体和各个子问卷对高校

第二课堂教育教学有效性得分情况，故而对其进行求项目的平均值，以便更加直观地反映教育教学有效性的情况，如表 3–7 所示，问卷总体有效性的平均值为 4.063，教育内容有效性问卷的项目平均值为 4.049，教育方式有效性问卷的项目平均值为 4.064，课堂教学有效性问卷的项目平均值为 4.048，教育环境有效性问卷的项目平均值为 4.056，教育者有效性问卷的项目平均值为 4.070，党团组织有效性问卷的项目平均值为 4.076，教育结果有效性问卷的项目平均值为 4.083，按从大到小排列的顺序为：教育结果有效性问卷、党团组织有效性问卷、教育者有效性问卷、教育方式有效性问卷、教育环境有效性问卷、教育内容有效性问卷、课堂教学有效性问卷。

表 3–7　第二课堂教育教学有效性项目均值计算（学生问卷）N=362

变量	x	排名	项目数
总体有效性	4.063	—	59
教育内容有效性	4.049	6	12
教育方式有效性	4.064	4	14
课堂教学有效性	4.048	7	5
教育环境有效性	4.056	5	8
教育者有效性	4.070	3	6
党团组织有效性	4.076	2	4
教育结果有效性	4.083	1	10

将统计的结果以条形图统计的形式来更为直观地展示，通过表 3–7 和图 3–1 结果显示，问卷项目的均值均在 4.000 以上，表明在调查的学生群体当中，认为高校第二课堂教育教学具有有效性。条形图如图 3–1 所示。

如表 3–8 所示，对第二课堂教学有效性项目均值比较的教师问卷进行项目均值描述分析，问卷的总体有效性的项目均值为 4.565，各个子问卷按照从小到大的顺序排列为：教育结果有效性问卷项目均值 4.503，教育目标有效性问卷项目均值 4.527，教育内容有效性问卷项目均值 4.552，保障体系有效性问卷项目均值 4.568，教育环境有效性问卷项目均值 4.574，课堂教学有效性问卷项目均值 4.584，教育方式有效性问卷项目均值 4.602，教育者有效性问卷项目均值 4.608。具体情况如

表 3-8 所示。

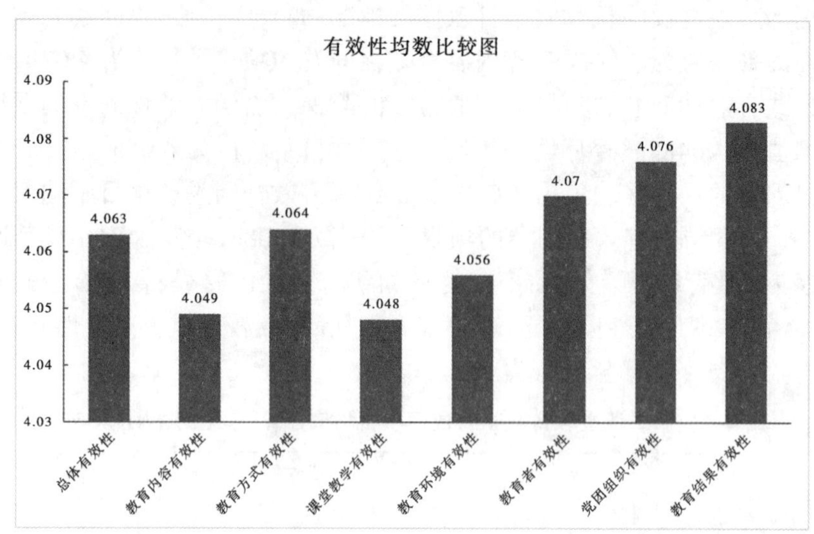

图 3-1 大学生第二课堂教育教学有效性项目均值比较(学生问卷)

表 3-8 第二课堂教育有效性项目均值比较(教师问卷)N=37

变量	x	排名	项目数
总体有效性	4.565	—	66
教育目标有效性	4.527	7	6
教育内容有效性	4.552	6	12
教育方式有效性	4.602	2	15
课堂教学有效性	4.584	3	5
教育环境有效性	4.574	4	8
教育者有效性	4.608	1	6
保障体系有效性	4.568	5	4
教育结果有效性	4.503	8	10

如表 3-8 所示,问卷总体以及各个子问卷的项目均值均在 4.5 以上,表明在调查的教师群体中的教师认为,高校第二课堂教学具有有效性,其直观展示折线统计图如图 3-2 所示。

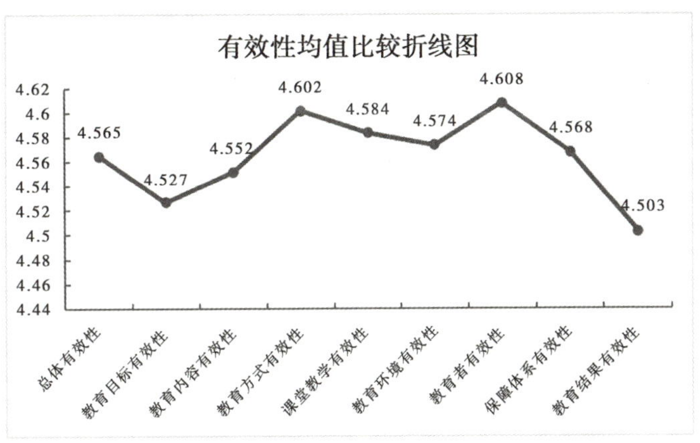

图 3-2　高校第二课堂教育有效性项目均值比较(教师问卷)

学校的教风、学风以及后勤服务教育教学有效性均有一定影响，教风学风以及后勤服务如何会影响该校的教育教学，同样这些对第二课堂的教育教学有效性有着不可忽视的影响，通过对学校的这些方面进行优秀、一般和差等调查。

如图 3-3，后勤服务、学风、教风有效性比较可知，调查的学生群体当中，几乎所有的学生都认为所处学校的后勤服务、学风和教风都认为是一般和优秀，并且大多数认为是优秀的，认为优秀的后勤服务占 69.890%，学风占 60.220%，教风占 64.640%，认为是一般的，后勤服务有 29.560%，学风有 38.670%，教风有 38.010%。

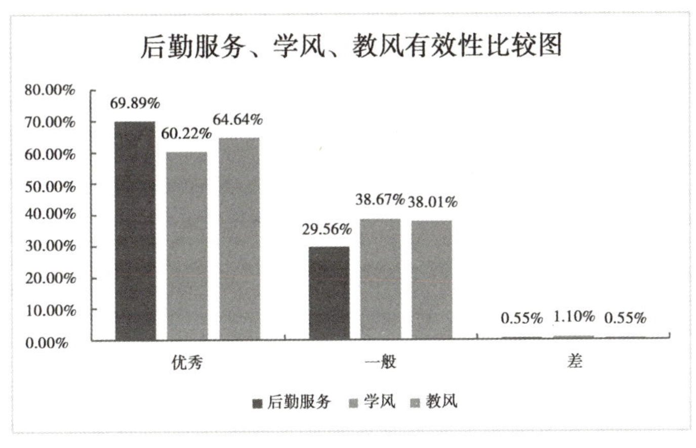

图 3-3　后勤服务、教风、学风有效性比较(学生问卷)

如图 3-4 后勤服务、教风、学风频数统计图所示，教师群体全都认为所处学校的后勤服务、学风和教风是一般和好，并且绝大多数人认为是好的，其中认为好的当中，后勤服务有 30 人、学风有 31 人、教风有 32 人；而认为一般的当中，后勤服务有 7 人、学风有 6 人、教风有 5 人。

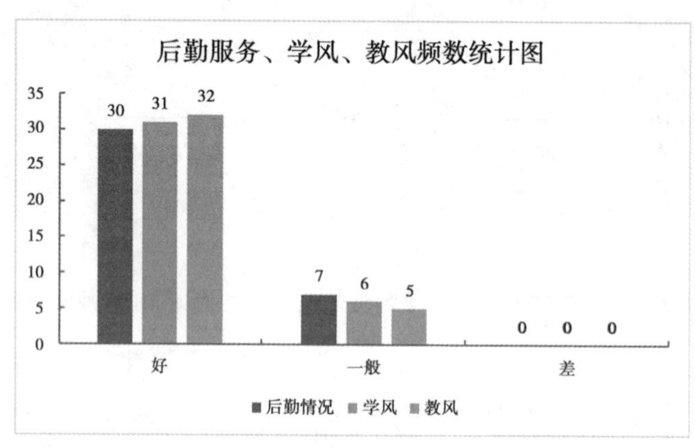

图 3-4　后勤服务、教风、学风频数统计(教师问卷)

通过教师和学生对所在学校的后勤服务、学风和教风的统计结果发现，绝大多数人认为所处学校这些因素是好的，也表明学校具有良好的后勤服务体现、教风以及学风。

作为一名学习者，学习的目的是获得自己缺失的需要，通过对希望从第二课堂教育学习中获取知识指导实践、把握思想精髓、获取知识、什么也学不到的频数统计中发现，有 188 个人希望获得指导实践，有 51 个人希望获取思想精髓，有 101 个人希望能从第二课堂教育学习中获取知识，然而有 22 个人认为第二课堂教育学习什么也学不到。由统计的结果可知，大多数人是希望从第二课堂教育学习当中获得指导实践以及获取知识，也有少部分人希望获取把握思想精髓的能力，同样什么也学不到也是值得注意的，在日后如何在第二课堂教育学习中巧妙地加入把握思想精髓的方法，以及让学生从课堂当中获取想要的而不是无效的知识是一个值得探索的问题。

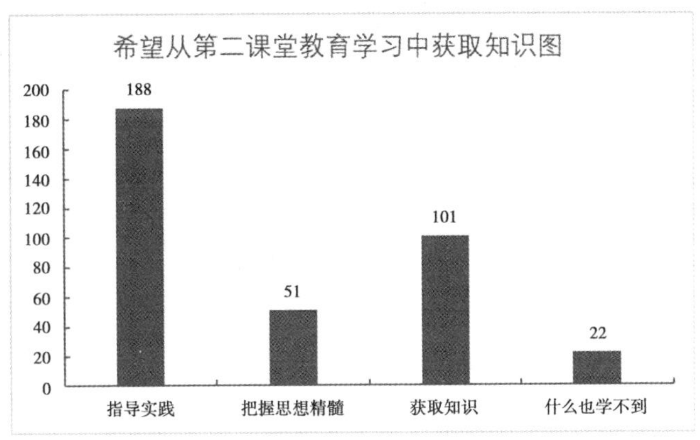

图 3-5　希望从第二课堂教育学习中获取知识(学生问卷)

思想教育是指那些对人各个方面的思想、观点产生影响的教育,从狭义的视角来说就是指导个体形成一定的世界观、人生观的教育。思想教育在组织上能起到凝聚的作用,同时,能有效促进形成统一的思想。

如图 3-6 所在组织对思想教育的重视程度条形图结果显示,绝大部分人认为所在组织很重视和重视思想教育,有少部分人认为一般重视,仅有 5 人认为所在组织不重视思想教育。表明大学生所在的学校重视对大学生的思想教育。

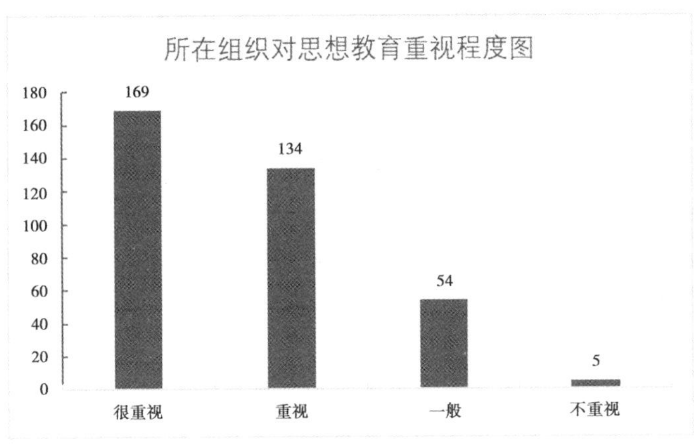

图 3-6　所在组织对思想教育的重视程度(学生问卷)

一个好的师生配比关系不仅能更好地让学生在教育教学过程中，对教育者传授的知识进行最大吸收和内化，同时也能将教师的教育教学能力得到更加充分的发挥，此外在这一合适的配比中，教师和学生能够将所教的知识和所学的知识进行更加充分的展示和吸收。如图3-7高校第二课堂师生配比所示，在调查的37名教师当中，有25名教师认为高校第二课堂教学师生配比小于1∶200比较好，有10名教师认为等于1∶200比较好，而认为大于1∶200比较好的教师仅有2人。说明，大多数教师认为，师生配比小于1∶200能达到的效果更好。

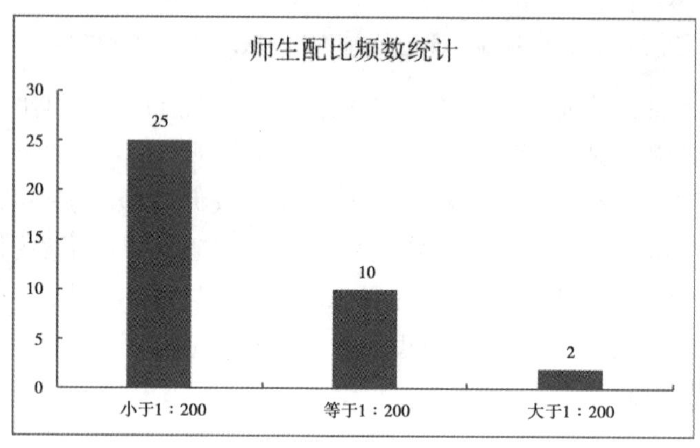

图3-7　高校第二课堂师生配比(教师问卷)

如图3-8所示，在调查的教师群体当中发现，有30名教师希望学生从高校第二课堂教育中获得指导实践的知识，希望学生把握思想精髓的有5人，希望学生掌握知识的有2人，表明大多数教师希望在高校第二课堂教学当中，学生能从中获得指导实践，当然把握思想精髓和掌握知识在教育教学当中也是极为重要的，在今后的课堂教学当中，应当也需要适当引入。

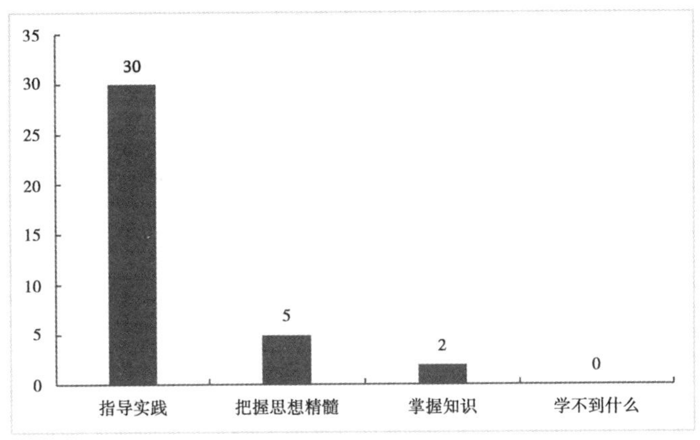

图 3-8　希望学生在高校第二课堂教育中获取的知识（教师问卷）

二、多重响应分析

通过对学生和教师针对“希望负责第二课堂教育教学的教师能够涉猎哪些方面的知识”的调查，采用多重响应分析发现，在调查的学生群体当中，按照从多到少的顺序进行排列：传统文化 257 人，道德伦理 203 人，政治 192 人，哲学 186 人，法律 179 人，历史 176 人。从分析的结果可以看出，学生对于希望负责第二课堂教育教学的教师涉猎的哲学、政治、法律、历史、道德伦理以及传统文化均有不同程度需求，其中涉猎传统文化的需求是选择最多的，具体情况如表 3-9 所示。

表 3-9　希望负责第二课堂教师涉猎的知识多重响应分析（学生问卷）N=362

		响应		个案百分比（%）
		个案数（n）	百分比（%）	
您希望负责第二课堂教育教学的教师能够涉猎哪些方面的知识	哲学	186	15.600	51.400
	政治	192	16.100	53.000
	法律	179	15.000	49.400
	历史	176	14.800	48.600
	道德伦理	203	17.000	56.100
	传统文化	257	21.500	71.000

对教师问卷进行多重响应分析结果显示，教师希望涉及哲学的有 32 人，政治有 23 人，法律有 24 人，历史有 22 人，道德伦理有 21 人。从

结果可以看出，不同的教师在对第二课堂涉猎的知识上，有不同的看法，对希望涉猎的程度有一定差异，而大多教师都希望涉猎哲学上的知识，具体结果如表 3-10 所示。

表 3-10　希望负责第二课堂教师涉猎的知识多重响应分析（教师问卷）N=37

		响应		个案百分比（%）
		个案数（n）	百分比（%）	
您希望负责第二课堂教育教学的教师能够涉猎哪些方面的知识	哲学	32	22.400	86.500
	政治	23	16.100	62.200
	法律	24	16.800	64.900
	历史	22	15.400	59.500
	道德伦理	21	14.700	56.800
	传统文化	21	14.700	56.800

如表 3-11 所示，对第二课堂教育教学教师素质的多重响应分析当中，有 314 人选择了较强的政治素质，选较高的师德水平的有 287 人，过硬的理论知识体系的有 286 人，分别有 233 人选择了过硬的教学水平和 241 人选择完备的心理素质，统计结果表明，教育教学当中，学生很注重负责教学的教师的政治素质和师德水平，同时理论知识体系、心理素质以及教学水平也是备受学生重视的。

表 3-11　教师素质多重响应分析（学生问卷）N=362

		响应		个案百分比（%）
		个案数（n）	百分比（%）	
您认为，第二课堂教育教学教师的素质包含哪些方面	较强的政治素质	314	23.100	86.700
	过硬的理论知识体系	286	21.000	79.000
	较高的师德水平	287	21.100	79.300
	过硬的教学水平	233	17.100	64.400
	完备的心理素质	241	17.600	66.000

如表 3-12 所示，调查的教师群体中有 34 人认为教师应包含较强的政治素质，过硬的理论知识体系有 29 人，较高的师德水平有 25 人，23 人认为应该包含过硬的教学水平，20 人认为应包含完备的心理素质，可见较强的政治素质以及过硬的理论知识体系在第二课堂教学当中占据很重要的位置。

表 3-12 教师素质多重响应分析(教师问卷)N=37

		响应		个案百分比(%)
		个案数(n)	百分比(%)	
您认为,第二课堂教育教学教师的素质包含哪些方面	较强的政治素质	34	26.000	91.900
	过硬的理论知识体系	29	22.100	78.400
	较高的师德水平	25	19.100	67.600
	过硬的教学水平	23	17.600	62.200
	完备的心理素质	20	15.300	54.100

如表 3-13 和表 3-14 所示,调查的群体当中,无论是学生还是教师,有多数认为课堂气氛上,负责教育教学的教师缺少教学经验和幽默感,其中认为缺少教学经验的学生有 207 人选择,教师有 26 人选择,认为缺少幽默感的学生人数有 252 人,教师人数有 22 人,在今后的教育教学中教师如何提升幽默感是一个值得深思的问题,同样除了这些之外,知识的深度和广度、对工作的热情以及对学生的关心,这些因素也是不可忽视的。

表 3-13 课堂气氛因素多重响应分析(学生问卷)N=362

		响应		个案百分比(%)
		个案数(n)	百分比(%)	
您认为,第二课堂教育教学教师最缺少以下哪些素质	教学经验	207	20.600	57.200
	幽默感	252	25.100	69.600
	知识的深度和广度	187	18.600	51.700
	对工作的热情	161	16.000	44.500
	对学生的关心	197	19.600	54.400

表 3-14 课堂气氛因素多重响应分析(教师问卷)N=37

		响应		个案百分比(%)
		个案数(n)	百分比(%)	
您认为,第二课堂教育教学教师最缺少以下哪些素质	教学经验	26	27.700	70.300
	幽默感	22	23.400	59.500
	知识的深度和广度	20	21.300	54.100
	对工作的热情	13	13.800	35.100
	对学生的关心	13	13.800	35.100

三、多重线性诊断与差异分析

(一)多重线性诊断

以总有效性的总分为因变量,问卷的子问卷为自变量对高校第二课堂教育教学有效性进行回归多重线性诊断。在进行线性回归多重线性诊断当中,有两个指标分别是容忍度(Tolerance)和方差膨胀因子(Variance inflation factor, VIF)。容忍度是指进行多元线性回归时,某个自变量与其他自变量之间存在高度相关时,自变量的方差在回归分析中能被解释的程度。方差膨胀因子用于测量多元线性回归中,各自变量之间的相关程度。此外当容忍度越小时,共线性越严重,而方差膨胀因子越大,表明共线性越严重,并且普遍认为容忍度小于0.100以及方差膨胀因子大于10时,表明存在严重的多重共线性问题,不能进行回归分析。

经过进行线性回归分析的多重共线性诊断结果显示,教育内容有效性问卷的容忍度为0.073, VIF=13.800;教育方式有效性问卷的容忍度为0.035, VIF=28.934;课堂教学有效性问卷的容忍度为0.047, VIF=21.093;教育环境有效性问卷的容忍度为0.033, VIF=30.361;教育者有效性问卷的容忍度为0.022, VIF=44.714;党团组织有效性问卷的容忍度为0.030, VIF=33.156;教育结果有效性问卷的容忍度为0.038, VIF=26.246,统计结果显示所有自变量的容忍度均小于0.100, VIF值均大于10,表明不适合进行线性回归分析。如表3-15所示。

表3-15 共线性诊断(学生问卷)N=362

变量	条件指数	共线性诊断	
		容忍度	VFF
教育内容有效性	14.788	0.073	13.800
教育方式有效性	39.652	0.035	28.934
课堂教学有效性	55.682	0.047	21.093
教育环境有效性	72.846	0.033	30.361
教育者有效性	84.785	0.022	44.714

续表

变量	条件指数	共线性诊断	
		容忍度	VFF
党团组织有效性	89.038	0.030	33.156
教育结果有效性	107.720	0.038	26.246

同样，以总有效性作为因变量，各个子问卷作为变量对调查的教师群体问卷进行线性回归共线性诊断，结果发现教师问卷当中，仅有教育目标有效性问卷的容忍度为0.700>0.100，其他变量的容忍度都小于0.100，但是教育目标有效性问卷的VIF=14.313>10，此外，其他变量的VIF值都大于10，表明教师问卷也存在多重共线性问题，也不适合进行线性回归检验分析。如表3–16所示。

表3–16　共线性诊断（教师问卷）N=37

变量	条件指数	共线性诊断	
		容忍度	VIF
教育目标有效性	21.856	0.700	14.313
教育内容有效性	55.179	0.018	54.863
教育方式有效性	73.962	0.001	1476.467
课堂教学有效性	99.025	0.006	165.747
教育环境有效性	104.170	0.018	56.638
教育者有效性	142.713	0.002	492.899
保障体系有效性	252.511	0.008	124.439
教育结果有效性	1044.185	0.047	21.447

（二）差异分析

教育教学的有效性在不同年级的效果如何，是否有差异，不同职称、不同性别的教师在高校第二课堂教学有效性上，是否起到的效果会不一样呢？这是一个值得探究的问题。

对不同的年级进行单因素方差分析，并采用LSD的统计比较方式进行事后检验，分析的结果显示，无论是问卷的总体有效性情况还是各个子问卷的有效性情况，经方差分析的结果显示F>1.000，此外p值均小于 0.050，表明不同年级之间的教育教学有效性存在差异。经过 LSD 事后检验的结果发现大一年级与大二年级和大三年级均存在着显著的差异性，即 $p<0.050$，然而大二年级与大三年级之间的教育教学有效性差异并不显著，即 $p>0.050$。具体如表 3-17 所示。

表 3-17　不同年级教育教学有效性的方差分析 N=362（大一：199，大二：116，大三：47）

变量	F	p	LSD
总体有效性	17.609	0.000	大一 > 大二 = 大三（p1=0.000，p2=0.177）
教育内容有效性	16.955	0.000	大一 > 大二 = 大三（p1=0.000，p2=0.307）
教育方式有效性	18.187	0.000	大一 > 大二 = 大三（p1=0.000，p2=0.064）
课堂教学有效性	14.416	0.000	大一 > 大二 = 大三（p1=0.000，p2=0.204）
教育环境有效性	16.740	0.000	大一 > 大二 = 大三（p1=0.000，p2=0.132）
教育者有效性	17.873	0.000	大一 > 大二 = 大三（p1=0.000，p2=0.211）
党团组织有效性	16.595	0.000	大一 > 大二 = 大三（p1=0.000，p2=0.323）
教育结果有效性	16.081	0.000	大一 > 大二 = 大三（p1=0.000，p2=0.320）

注：p1 是大一与大二和大三之间的比较，p2 是大二和大三两个年级之间的比较

调查群体当中的教师职称有助教 9 人，讲师 14 人，副教授和教授均为 7 人。对教师问卷数据进行方差分析结果发现，不同职称的教师在高校第二课堂教育教学有效性中，仅在教育内容有效性问卷上，存在差异 $F=3.041$，$p=0.043<0.05$，表明在教育内容有效性上助教、讲师、副教授和教授之间存在差异，经过 LSD 事后检验结果发现，副教授与助教和讲师之间存在差异，而与教授之间不存在显著的统计学差异，此外分析的结果显示，助教和讲师在教育内容有效性上比副教授更好。具体如表 3-18 所示。

表 3-18　不同职称的教师在第二课堂教育教学有效性方差分析

变量	F	p
总体有效性	2.397	0.086
教育目标有效性	2.819	0.054
教育内容有效性	3.041	0.043
教育方式有效性	2.209	0.129
课堂教学有效性	1.625	0.202

续表

变量	F	p
教育环境有效性	2.494	0.077
教育者有效性	2.225	0.072
保障体系有效性	1.659	0.195
教育结果有效性	2.068	0.123

不同职称的教师在教育内容上表现出了一定的差异情况，那么在性别上，教师的教育教学有效性，是否也会有差异呢？

通过对教师不同性别总有效性和各自问卷的有效性进行性别的独立样本 t 检验结果显示，不同性别的教师在总体有效性、教育目标有效性、教育内容有效性、课堂教学有效性、教育环境有效性、教育者有效性、保障体系有效性以及教育结果有效性上，均不存在显著的性别差异，即 $p>0.050$。然而在教育方式有效性上，$t=2.064$，$p=0.047<0.050$，表明存在显著的性别差异。具体如表 3-19 所示。

表 3-19 不同性别的教师在第二课堂教育教学有效性的独立样本 t 检验

变量	性别（M+SD）		t	p
	男（10）	女（27）		
总体有效性	316.300 ± 23.622	295.704 ± 48.173	1.730	0.093
教育目标有效性	28.700 ± 2.669	26.593 ± 4.870	1.671	0.105
教育内容有效性	57.300 ± 4.855	53.630 ± 9.596	1.528	0.136
教育方式有效性	72.600 ± 4.060	67.704 ± 10.362	2.064	0.047
课堂教学有效性	24.200 ± 1.317	22.444 ± 3.534	2.202	0.034
教育环境有效性	38.000 ± 3.367	36.074 ± 5.313	1.305	0.204
教育者有效性	29.100 ± 1.398	17.926 ± 3.075	1.970	0.057
保障体系有效性	19.200 ± 1.398	17.926 ± 3.075	1.725	0.094
教育结果有效性	47.200 ± 5.203	44.222 ± 8.026	1.087	0.285

第三节　结果与讨论

通过对362份大学生第二课堂教育教学有效性问卷和37份高校第二课堂教学有效性的调查结果进行数据分析,表明无论是学生还是老师,都认为教育教学的结果是有效的,对各个问卷的有效性进行项目平均分计算,都在4分以上。

在调查当中发现,对自己所在学校的后勤服务、教风、学风大多都认为是好的。良好的后勤服务、教风以及学风塑造了一个良好的学习与教育教学氛围,行为主义认为,一个人的行为受到个体、行为以及环境相互作用的影响,表明环境在人的行为当中有着重要的影响。在一个良好的环境当中,个体的行为受到周围环境的影响,也会对环境的刺激做出相应的行为,如班杜拉认为的模仿学习一般,当个体看到榜样学习后获得奖励时,会学着榜样的行为,在相似的情境下做出类似的行为与动作,一旦这个行为得到奖励的强化,这种行为在以后同样的情境当中出现的频率就会提高。此外,人是具有自主意识的,并且是具有能动性的,个体通过自己设置学习任务目标,一旦达成便自我强化,这样不仅能将所学的知识进行内化、发挥自己的主观能动性,并且通过这种方法还能提高自己的自信心。而第二课堂教育教学是一个开放式的,而非封闭式的,故而个体可以根据自己能接受的形式来设定目标。

教育教学是一个从教师传输到学生吸收和输出反馈的双向过程。如信息加工一般,人需要对输入的外界信息进行加工后,内化成为自己的一部分,以便解决今后可能遇到的困难,即通过知识来指导实践,通过实践来检验知识的可行性。当一场教学既是老师想要传授的知识,同时又是学生希望获得的时候,能在教育教学的过程当中达到比较好的结果,在本次的调查当中,大多数学生希望能从第二课堂教育教学当中获得指导实践和获取知识,而大多数老师也希望学生能在第二课堂教育教学当中收获这些。老师和学生在想法上达到统一,在教育教学的过程当中,学生和老师均从自己的内部动机出发,教师在进行教学的过程当中,从自己的兴趣出发的,在教学过程当中会有积极的体验,可能会发挥出更好教学水平,促进课堂教学学生对知识的吸收。此外学生也是从自己的内部需要以及兴趣出发的,在听课的同时更加愿意认真去学习自己所需要的并且在学习这些知识的时候,因为是从自己的内部动机以及兴趣出发的,能更快地对所学知识进行高效率的内化和吸收,同样,正是因为从自己的兴趣和需要出发的,故个体更可能会在遇到困难的时候,主动去面对困难,并且主动去解决所面临的困难,进而达到获取自己所需要的知识的目的,而在克服困难的过程中,会塑造个体坚韧的心理品质,解决困难后,个体又能从解决的结果获得积极的反馈。积极心理学提倡人们去体验心流,当处理自己感兴趣的事情的时候,就很容易沉浸在其中,体验心流。此外,人本主义心理学在教育教学观上认为,提倡以学生为中心的教学思想,而在开放性的课堂中,学生可以根据自己的需要去学习,这样的结果,不仅能让学生学到知识,同时能在获取知识的过程当中提升自己的心理品质。

在进行多元回归多重线性诊断当中发现,各因子之间存在的严重多重共线性问题,表明问卷的变量具有很大的相容性。导致这种情况的原因可能是因为各个子问卷所测量的品质,在很多方面存在着很多重叠与相似,进而出现了高相容的情况。

对学生不同年级进行方差分析结果发现,大一年级与大二年级以及大三年级均存在差异,并且大一年级的教育教学有效性结果均比大二年级和大三年级要好,然而大二年级与大三年级的差异并不明显。导致这种情况的原因可能是,调查的群体当中,大一年级的学生人数占比更大,而大二年级以及大三年级的人数相对较少。此外,也可能是因为,大一年级是刚步入大学的,在心理上的成熟程度尚浅,通过在第二课堂教育教学的过程中,不仅学到了想要学习的,并且,从自己的兴趣出发,在教师的指导下克服困难。不仅如此,大一年级是因为刚步入大学,对很多的事物与学习充满了好奇,在面对新的事物时,出于对其好奇,以已有的知识为基础,主动去对新的知识进行建构,将新事物纳为自己的一部分,进而使得个体在教育教学上获得更多。

对不同职称的教师进行方差分析发现,在教育内容上,副教授与助教、讲师存在显著性差异,但是与教授差异不显著。可能是因为在教育教学的过程当中,不同教师从自己的认知体系出发,在教育教学的内容上存在一定的差异,此外,这也可能与教师在课堂上的品质有关。而对不同性别的教师在高校第二课堂教学有效性独立样本 t 检验发现,在教育方式有效性上,存在显著的性别差异,并且男教师的教育教学有效性高于女教师。导致这种情况的可能原因,除了人数比例外,也可能是在教育教学的过程当中,学生更倾向于男教师的教学方式,或者是在品质上的差异而导致的结果。

教育教学的有效性与诸多因素息息相关,学生的积极主动建构、教师的幽默感等多种因素都会影响教育教学的有效性。不同的师生配比也会影响教育教学的有效性,通过调查发现,大多数教师认为师生配比小于 1∶200 是比较好的。此外在今后的教育教学当中,可以根据不同教师的能力、品质以及涉猎的知识领域不同进行分类教学,同样也支持在教育教学过程中,用多元化知识进行教育,同时对于如何在课堂上提高幽默度以及提高教师的教学水平也是值得思考的。

第四章　心理学视域下高校第二课堂实践育人的影响因素

根据文献和调查数据显示，从心理学视域下进行分析，高校第二课堂实践育人的影响因素是多方面的。而各维度又产生了多种分支，分析高校第二课堂实践育人有效性的原因和提升策略，需要深入分析高校第二课堂实践育人的影响因素。有效性的影响因素是多方面的，鉴于本书研究的重点，从以下四个方面来探讨。

第一节　心理学视域下教育者因素

根据领导心理学理论，领导者对下级的影响力分为两种，分别是权力性影响力和非权力性影响力。显然，高校第二课堂实践育人者要对大学生进行高校第二课堂实践育人并产生效果，必须具有这类非权力性影响力，则高校第二课堂实践育人者的知识、能力、素质、教学投入，直接影响了高校第二课堂实践育人是否能顺利开展，影响了高校第二课堂实践育人的效果，影响了高校第二课堂实践育人的有效性。

一、教育者教育知识不足

第二课堂实践育人教学过程是教育者知识再现的过程。教育者如果缺乏丰富的知识，就难以在教学过程保证传授知识的准确性。教师对大学生进行第二课堂实践育人、传授知识、开展教育教学研究等都离不开扎实的知识。造成高校第二课堂实践育人者有效性不高的原因，主要是第二课堂实践育人者专业知识、文化知识和教育学科知识存在不足。

（一）专业知识不足

第二课堂是相对于课堂教学而言的另一种教学形式，如果说第一课堂是在规定的教学时间内，按照教材和大纲进行的课堂教学活动，那么第二课堂则是指与第一课堂相关的教学活动在第一课堂以外的时间进行的教学活动。在教学的内容上，第二课堂源自教材，也不局限于教材，而且不需要考试，此外，第二课堂还具有素质教育的重要组成部分；在形式上，第二课堂比第一课堂更具生动、更多彩的特征；在教学环境上，第二课堂的学习空间范围广大，室内外兼具且具有广泛的空间，可以在学校、社会和家庭开展。这种空间的无限性和内容的多样性，影响了第二课堂实践育人的学理性、科学性，必然导致第二课堂实践育人有效性不高。

（二）文化知识不足

第二课堂教学提高的重要保障是广博的文化知识。广博的文化知识不仅包括一定的人文社科知识，如哲学、历史、文学等，还包括自然科学的知识，如网络信息技术、生物、物理等。高校第二课堂实践育人，缺乏广博的文化知识，面向大学生全方位、多角度阐述道理，在教学过程中，会出现旁征博引、据古论今、触类旁通的困难，将会导致第二课堂实践育人内容的接受性较差，大学生宽阔的知识视野难以形成，第二课堂实践育人的效果和效益无从保证。而现实是，当下第二课堂实践育人者文化知识有缺陷，导致第二课堂实践育人有效性不高。

（三）教育知识不足

第二课堂需要教育者对教育学科知识的扎实掌握，既是一门艺术，又是一门科学。作为教育者，应该掌握教育学知识与心理学知识，并且在教育教学过程中能灵活地运用。但是，在现实中，仍然存在个别教师缺乏必备的知识素质，不懂得用更好的方法来教育大学生，所以对第二课堂实践育人的有效性造成了不良影响。但是有少部分教师对教育学、心理学知识掌握得不够扎实,不够全面,不够深入;第二课堂实践育人者就难以有效掌握第二课堂实践育人教学的基本规律;大学生的身心发展规律和大学生的个性差异将无法准确分析和全面把握;无法真正做到因地制宜、因时制宜、因材施教;高校第二课堂实践育人课堂教学的有效性无法保证。但是,目前的第二课堂实践育人缺乏教育专业知识,不懂得如何教育学生,所以,对第二课堂实践育人的成效,造成了不良的影响。

二、教育者实践能力不强

能力,通常是指完成某项活动所必须具备的技能。

作为高校第二课堂的实践者,在学习和工作能力都要强的同时,一定要有较高的素质。笔者认为高校第二课堂教师的能力包括一般能力与特殊能力。正是高校第二课堂教师的一般能力与特殊能力不强,才导致高校第二课堂实习教师的有效性较低。

(一)认知能力不强

高校第二课堂实践育人者的一般能力是指认知能力,而这种认知能力是保证教育者在开展第二课堂有效性教育表现的一种重要能力。

第一,观察力。观察力是一种知觉觉察能力,表现出有目的、有计划、有步骤、比较持久的特点,敏锐的观察力是第二课堂实践育人者必须具备的基本功。教育者在开展第二课堂教学中,对来自教育对象的各种信息难以及时发现和准确捕捉,因为教育者的观察能力不强,导致老师对大学生的思想动态变化不敏感。对教育对象的所思、所想、所望不能准确把握,第二课堂实践育人的前瞻性和针对性必然不高,因此,第二课堂的实践育人成效在一定程度上降低了。

第二,思维力。思维力指教育者通过分析、归纳、推断和演绎等步骤获取新知识的一种能力,同时也是一种发现问题、分析问题、解决问题的能力。其思维模式也是连结教育者自身与教育对象、第二课堂实践育人理论与第二课堂实践育人实践的重要桥梁。教师良好的思维能力不仅表现在对学生课堂思维的关照上,而且表现在把思维展现给学生的过程中，更重要的是调控老师和学生的思维。对于大学生在课堂教学中的思维活动，教师的思维不强，很难准确把握，言语上如此，感知上如此，行为上亦如此。教师的思维能力不强，就无法做到“孩子化”思维，不能很好地规范师生的思维过程，就很难保证课堂教学的效果，也就很难保证师生的课堂思维同步，最终影响到第二课堂的实践育人效果。

第三，记忆力。记忆力是指记住和再现事物的形象或事情经过的能力。作为高校第二课堂实践育人的主渠道，没有出色的记忆力，第二课堂实践育人者就不能准确、系统地再现课堂教学的内容，从而导致课堂教学有效性得不到保障。

第四，想象力。如果教育者缺乏丰富的想象力、创造性思维，就很难把理论教学内容的贴近性、亲和力、感染力营造出和谐、愉悦、快乐的课堂氛围。从而使大学生对实践育人的第二课堂产生了一种疏远感和厌恶感，甚至会在课堂上造成与老师、同学之间的对立关系。大学生自愿接受、亲近第二课堂实践育人，大学生自愿接受、主动亲近、主动配合、全力支持、主动投入成为奢望，进而导致第二课堂实践育人“效率低下”或“效果不佳”。

第五，表达力。表达能力是指在第二课堂实践育人教学的具体语境中，遵循一定的语言规范和规律，在社会主义主流意识形态下进行表达。教育者具有运用言语符号系统的能力，对教育对象进行沟通、说服、传播、灌输和讲授，对实践育人的基本价值理念和行为取向的第二课堂进行评价和阐释。第二课堂实践育人能力不强，容易导致课堂教学缺乏灵性，第二课堂实践育人内容的真实、正确、可领会性、可接受性就无法保证；实践育人的知识目标、价值目标、情感目标在第二课堂都不能如期实现，最终导致实践育人在第二课堂的有效性不高。

（二）特殊能力不强

第一，教育教学能力。教师教育教学能力不强，必然造成对教材的重难点把握不准，教学设计难以科学化，选择适合大学生实际的途径和方法有一定难度；教师的教育教学能力不强，就不能有效地利用各种资源，不能有效地运用教学方案，不能有效地运用教学中具体的教育情境，不能有效地回应学生的实际反应；教师的教育教学能力不强，就不能在课堂教学中营造良好的课堂气氛，就不能最大限度地得到学生的拥护、配合；教师的教育教学能力不强，就难以进行有效的教学反思和改进，最终影响第二课堂实践育人的成效，这也是课堂教学效果不佳的原因。

第二，信息技术运用能力。教师的信息技术应用能力是时代的需要，也是快速发展的必然要求。当今的社会发展迅速，信息技术让人们的生活发生了巨大的变化，在我们生活的方方面面都已经进入了信息化，在教育教学的各个领域也不例外。以学习本位、思维导学为宗旨，推动课堂教学结构发生深刻变革。教育者没有很强的信息技术运用能力，容易出现在课堂教学中很难做到媒介和方法选择的有效结合、实践育人的学科内容与媒体工具在第二课堂上的契合度，就很难达到很高的程度，就不能针对课程特点进行有效的教学设计，教师在课堂教学中不能很好地进行创新等问题，最终导致高校第二课堂实践育人成效不高。

第三，自主学习能力。教育者需要具备扎实的、全面的知识与技能，并能推动其不断发展，这是第二课堂实践育人教学的前提条件。教育者能够获得知识和能力的不断发展，较好的自主学习能力是重要的保证。教育者缺乏积极主动更新知识的意识，缺乏一定的自主学习能力，就无法用新理论成果武装头脑，新思想、新观点、新理论就不能及时地带进课堂，最终影响到实践育人在高校第二课堂的成效。因此，教育者需要在实践育人的第二课堂教学中不断完善自己、充实自己，不断提高自身的自主学习能力。

第四，教学科研能力。教学科研能力是指从全面掌握第二课堂基本理论的基础上，收集、分析、筛选以及整理国内外有用的相关文献、信息材料，以时代发展和要求为高度，以社会发展实际为基本原则，从理论和实践两个层面对教学模式进行研究，分析问题，锤炼思想，积极探索新的教学模式。对自己的研究成果进行转化和发展，使高校第二课堂的实际教学内容得到不断充实。教育工作者的教研能力不强，对教育教学进行有效的学术研究视野的拓宽和专业课程知识体系的完善和反思将会很困难；教育工作者的教研能力不强，对大学生的德智体美劳的全面发展起不到促进作用，教育者工作的自我效能就会受到影响，最终会造成第二课堂实践育人成效不足。

第五，创新能力。教师创新能力的高低直接影响创新人才的培养。教师勇于创新、善于创新，在一定程度上与大学生创新意识的培养和创新能力的提高是分不开的。第二课堂课程教学的主要承担者与探索者——高校第二课堂实践育人的教师,在新的时代背景下,以教学创新、科研创新为主的创新能力理应成为核心能力之一。高校实践课教师的教学创新能力不强,对高校第二课堂的理念、教学目标、教学方法、教学内容等方面难以保证质量,最终导致第二课堂实践育人的课堂教学质量差、成效不高等问题发生。大学实践教师的创新能力不强,不仅对教育者的科研活动有一定影响,还会影响其教学内容科学转化成理论成果。此外,在一定程度上还会直接影响到受教育者创新能力的培养等问题。

最终导致高校第二课堂的实践育人成效不高,这也是第二课堂的实践育人成效不高的原因之一。

三、教育者育人素质不高

高校第二课堂实践育人有效性不高或有效性存在问题,还与教育者素质不高密切相关。笔者将从以下三个方面进行分析。

(一)实践素质不高

对第二课堂教育的重视程度不够,在教学工作中长期被边缘化,一些教育工作者认识不到第二课堂在培养学生综合素质、成长成才过程中的独特性和重要性。这是由于学校对游离于学校教学管理体制之外的第二课堂活动的开展,往往出于统一管理的考虑而加以限制。而一些高校的运行机制、管理模式和辅导机制还不成熟,尽管他们建立了自己的第二课堂体系。部分高校开展第二课堂素质教育的操作程序繁杂,需要一级审批,如班主任、辅导员、二级学院领导、校团委负责人等,缺乏专业教师的辅导,缺乏必要的活动场所和设备,使第二课堂综合素质教育的学生组织、参与兴趣消减。实践育人在高校第二课堂的成效也受到影响。

(二)道德素质不高

高校第二课堂实践育人者的第二课堂素养是一种无声的教育力量,能增强高校第二课堂实践育人的吸引力和感染力。思想素质不高的高校第二课堂实践育人者，在教育教学过程中很难以其人格魅力感召人，以其道德魅力感化人，以其实际行动感化人，难以发挥其暗示、引导、熏陶、浸润作用的第二课堂实践育人过程。教师缺乏良好的师德规范，难以树立“师德高尚，为人师表”的教师光辉形象，“身正为范”只能落得个空口无凭的地步。教师的道德素质不高，就难以在实际工作中，真正发挥第二课堂实践育人的吸引力和感染力，引导大学生树立良好的世界观、人生观、价值观。教师的道德素质不高，就无法充分满足大学生全面发展的需要，师生之间难以建立和睦的关系，难以实现师生共同发展、共同提高的育人目标，最终影响高校第二课堂实践育人的成效。

（三）身心素质不高

教育者的身心素质，包括身体素质与心理素质。好的身体素质指的是教育者要有健康的体魄，要有科学的生活规律，要有较强的体能耐力，要有良好的适应能力等。良好的心理素质是指教育者具有正面的情感功能。一个高校教师如果身心素质不高，容易出现焦虑、烦躁、心神不定等问题，从而直接影响到第二课堂的实践育人教学效果，使得第二课堂缺乏愉悦性、积极性、知识性，教学效果将大打折扣。

四、教育者教学投入不足

心理学的投入理论认为，投入是指人们全身心参加某一活动的状态。高校第二课堂实践育人者的教学投入指第二课堂实践育人者在第二课堂实践育人教学中投入的时间、精力和情感的总和。也就是说，负责第二课堂教师的教学投入包括授课时间的投入、授课精力的投入、授课情绪的投入。显然，第二课堂教育教学的教师在教学中投入的时间、精力、情感越充分，教学质量就越高，教学有效性就越高。因此，造成高校第二课堂实践教育有效性不高，主要是第二课堂实践教育者教学时间投入、精力投入和情感投入不够。

（一）教学时间投入不足

在教育教学上，对于教育者而言，付出的教学时间是最主要的教学投入。在第二课堂教育教学上，教育者投入的教学时间不仅是教育者对高校第二课堂的重视，更重要的是保障高校第二课堂实践育人效果的必备条件。

当教育者在教学时间上的投入超过了学校规定的时间，那么他们在教学时间上的投入就会越大，反之就会越少。教育者的工作态度、工作热情在一定程度上表明了教学时间投入的多少，成为制约第二课堂教学成效的一个重要因素。教师在教学时间上的投入不足，对课前的准备、课外的辅导等工作缺乏足够的时间去准备，就难以保证教育教学的质量和效率；对教学时间的投入不够，不会积极地把所有的时间都用在想问题、探问题、研问题上；教师在教学时间上的投入不够，教师就不会主动与同行、同事讨论课堂教学的重点、难点，课后不会积极与学生沟通，教师在言传身教和进修训练上的时间严重不足。总之，高校的第二课堂实践育人成效受到了教师教学时间投入不足的严重制约。

（二）教学精力投入不足

教学精力的投入与教学时间的投入是相辅相成、紧密联系的。教学时间的投入仅仅是判断教育者对教学的投入程度。因此，教学精力的投入是第二课堂实践育人理论课教学中实践课教师用心程度的表现。如果教育者不能全身心地投入教学精力，在一定程度上，教师将在教育教学上不能全神贯注开展教学，从而导致教育教学效率欠佳，这就直接导致了第二课堂实践育人在高校中的效率低下或效果不佳。

（三）教学情感投入不足

高校第二课堂实践育人教学，既需要教师投入足够的教学时间，投入足够的教学精力，更需要教师在教学情感上给予强有力的保障来促进教学质量的提高。其中包括教育者对待教学的态度。不断激发教师投入教学的动力源泉就是热爱、接纳以及认真对待教学的态度。在教学情感投入不足的第二课堂教学中,不能有效地展示教学的艺术与魅力;在第二课堂教育教学上直接影响教学中的积极性、主动性、创造性,不能很好地发挥教学的效能;教学情感投入不足,就不能使学生在参与教学过程中始终保持身心愉悦的态度来学习,取得的教学效果就会有一定的差别;情感投入不足的教学,会给学生呈现一节毫无生气的课堂,从而打击学生参与课堂教学的积极性,那么教学的效果必然是无效或低效的,最终导致第二课堂的实践育人成效不高。

第二节　心理学视域下大学生自身因素

大学生自身因素是影响第二课堂实践育人有效性的重要因素。第二课堂实践育人有效性离不开教育者的知识、素质、能力、心理、情感等,但是,教育者要想在教育教学过程中取得较高的实效,这就需要多方共同的努力,这是基于大学生对教育者教学理念的认同、来源于对教育者的信任与支持,以及来源于他们对高校第二课堂教育教学的积极参与。相反,大学生对第二课堂实践育人不认同、不支持、不配合,必然导致第二课堂实践育人有效性不高或存在问题。因而,大学生自身因素对第二课堂实践育人有效性的影响,是通过大学生对第二课堂实践育人是否认同、支持、配合、参与和投入来实现的。

一、大学生心理认同度不高

深入分析大学生对第二课堂实践育人的理解水平和兴趣,科学地进行分类指导以及分类施教,才能更好地开展高校第二课堂教育教学,为高校更好地开展实践育人工作打下基础。第二课堂能否获得大学生的认同,是教学成功与否的关键。认同,可以理解为承认、认可他人的态度行为。大学生的认同是淘汰"水课"、打造"实践课",提高第二课堂实践育人理论课堂教学有效性的基础和起点。

首先,大学生的认同感从认识第二课堂就表现出来了。大学生总体上对实践育人的理念和内容有较好的认知,都能有意识地进行实践能力的培养和锻炼,因此需要第二课堂的设计和宣传更加系统化、科学化、明确化。大学生对第二课堂活动的认知程度,在调查中表现为对活动形式、内容的认知程度有一定差异。暑期社会实践、专业实训与实习、志愿服务活动、社团活动四大类成为最受大学生青睐的第二课堂活动,这说明在培养专业人才、志愿服务、社团活动等道德实践活动中,第二课堂与第一课堂的互动有助于增强大学生内在的积极性和主动性。在大学生参与社会活动、融入社会群体中扮演着举足轻重的角色。其次是团学活动和文体竞赛活动,说明传统校园文化活动仍是第二课堂实践育人体系中重要的一环,随着活动内容、载体、形式的不断创新。之后是创业就业项目,随着就业创业课程和实践体系的逐步建立,大学生对就业意识和创业精神的认知认同程度逐步提高。

其次,大学生的认同感,在课堂上主要表现为大学生对教育者在第二课堂上学识的认同。即大学生对高校第二课堂教师讲授的知识是认可的,承认知识的科学性、正确性、创新性,也就意味着认可教育者的“学术权威”,从而从内心主动自觉接受第二课堂教师对知识的传授,并主动地不断探索,去积极地开展研究学习。如果出现学生的认同感不高,那就很难从内心上接纳和认可教师在课堂上讲授的知识,主动性、积极性必将受到打击,就很难做到主动内化知识规范。所以,第二课堂实践育人的有效性,如果没有大学生对教师知识和学识的认同,是很难保证的。

二、大学生合作意愿不佳

在教育教学中,要取得好的教学效果,必须有师生的共同努力,这是基于教师与学生之间的合作。在这个过程中,强调教师发挥其主导作用,通过自身的教学能力来激发学生参与学习的兴趣,激发学生参与学习探究的兴趣,把周围学生的积极性、主动性充分调动起来。让学生对教师的认同感进一步得到加强,全身心地投入课堂教学,集中精力参与教学,合理地分配学习的时间,按质按量地完成课堂教学任务,进而提高第二课堂教育教学效果。

如果没有大学生的积极配合或配合不好,在第二课堂实践课教学中,教育者需要花费时间和精力来处理一些课堂突发事件,从而导致正常的教学秩序受到干扰,影响教学任务的完成。如果这种不良的情况持续发生，对于教师而言，很容易产生挫败感，降低自我效能感。此时，如果没有及时改变这些不良情况，教师的工作热情将会受到影响，而学生的不好学习习惯渐渐形成，师生双方均受到不良的影响，进而导致第二课堂实践育人课堂教学效果低下，最终影响第二课堂实践育人有效性。

三、大学生支持反馈不够

“大学生支持”是指大学生对教育者在课堂教学上做的表现和反应。其中包括学生发自内心的，对教师的尊重、敬仰、赞赏的态度。这主要来源于在课堂中教师一个简单的微笑、一次平凡的掌声以及一次公正客观的评判，是对教师教学的一种认可。认同与协作的具体行为表现之一，就是大学生的支持。第二课堂教育教学工作，能够给师生带来愉悦的心情，能让师生各自都感受到各自存在的价值，这是一种师生互动合作的过程。但是如果由于大学生的支持度不够，学生在课堂上很难让教师感受到成功喜悦，师生之间的互动减少，教师也就失去了动力。但是为了能提高教学质量而不断增加教学时间、投入教学精力和投入教学情感，最终将影响到第二课堂实践育人的成效。

四、大学生身心投入不足

心理学的投入理论认为，投入是指人们全身心地投入和参与某一活动的状态。“大学生投入”是大学生在实践课教学中，以愉快的心情接受并全情投入教学的最高形式，是对大学生的认同、配合和支持。既包括主动接受实践课教师教学任务的安排，组织、规划、设计教学过程，又实现实践课课堂教学资源的优化配置，对整个教学过程提出中肯、善意的建议。主要通过认知投入、情感投入和行为投入，来实现大学生投入对实践课课堂教学成效的影响。大学生认知投入不足，教师会受到一定的消极影响，例如，教学精力投入有所减少，教学内容选择不周密，教学过程设计不科学，教学方法选择不恰当，教学载体运用不合理，很难保证实践课程教学的效果；第二课堂教学没有大学生的情感投入，师生之间不可能产生情感共鸣，不能产生心灵碰撞，教学的效果无从保证。

第三节 心理学视域下教育环境因素

无事不与环境相关，无事不与环境相互作用。任何一个个体的成长都会受到外在环境与内在心理环境的影响。第二课堂实践育人作为一项综合性、实践性很强的工作，离不开一定的环境。因此，作为高校第二课堂的教育者，需要始终立足在我国基本国情的发展需求下，坚持理论与实践相结合，坚持让学生在形式多样的实践活动中感受国家的进步，真正感受到当今社会存在的问题，从而坚定自己的理想信念，树立自己的奋斗目标，并能为之不断努力奋斗。

我们必须重视具体环境的影响，才能期望大学生通过第二课堂的实践育人产生某种行为。反过来，第二课堂实践育人要通过对大学生的第二课堂实践育人影响大学生，因而第二课堂实践育人的环境因素自然影响第二课堂实践育人效果或有效性。环境因素对实践育人的第二课堂，既可能起到正面作用，推动实践育人成效的提高；也可能起到负面作用，妨碍实践育人成效的第二课堂。因而，第二课堂实践育人的环境必然对第二课堂实践育人的效果产生影响。本书分别分析第二课堂实践育人中社会环境、学校环境、家庭环境及心理环境的问题，论证它们对第二课堂实践育人有效性的消极影响。

一、高校忽视第二课堂环境建设增加实践育人难度

（一）高校物质环境差

大学的物质环境包括校园建筑雕塑、环境绿化、教学科研设施设备、体育活动场地设备、文体活动或会议活动场地及附属器材等。校园物质环境既是高校教书育人第一课堂的基本条件，也是积极开展第二课堂的物质保障和重要资源。其中包括教学科研设备更新速度慢、各类学生活动场地空间不足、配套设备陈旧等，一些高校在校园物质条件改善和发

展方面存在一些问题，严重影响了第二课堂的顺利开展，迫切需要进一步改善，这些硬件设施跟不上学生发展需要的各种状况。

（二）高校政策扶持少

目前，一些高校对第二课堂建设缺乏顶层设计，相关的扶持政策不配套，制度文件不成体系，导致学校层面对下设院系的扶持力度明显不够。从而导致第二课堂教育教学开展工作受到严重的影响，这些问题的存在，不仅导致第二课堂成绩单制度执行力的下降，而且直接影响第二课堂的实施效果。

（三）高校文化交流少

中华民族传统文化的熏陶是大学作为国家高素质人才培养基地所必需的，大学文化育人的内在要求也是促进校园文化的发展与繁荣。文化交流交融氛围不浓，各二级学院开展第二课堂活动缺乏总结凝练，结合专业特点，学生参与度不高，是当前一些高校内部存在的问题。以上问题也直接影响了第二课堂活动的育人效果，同时也削弱第二课堂制度开展的文化基础。

（四）高校平台搭建少

学生创新创业和社会实践活动，在高校思想政治教育过程中起着不可替代的作用，是第二课堂的重要内容，也是高校科学研究和实践育人的两个重要抓手。实践平台搭建少，主要表现在校企合作、地校合作等工作开展不顺利，缺少一个优质的实践平台，让学生锻炼成长、展示自我，这些都是当前高校学生实践活动开展过程中存在的主要问题。高校实践资源的匮乏直接影响第二课堂活动的实践基础。

二、学校及周边环境教育合力还没有真正形成

学校环境是大学生在校学习、生活和活动所处的具体环境，作为实践育人的第二课堂教育环境之一。广义的学校环境是包括课堂教学、课

外活动和学校各种设施、校风在内的影响大学生发展的全部因素。狭义的学校环境是指一切无意识的影响学生发展的因素,除了教学工作和教育工作之外。学校环境分为两大类,一类是物质环境,包括校舍、教室与实验室、图书馆、运动场等地方的布置与管理。而另一类是精神环境,包括校风、学风、校园的文化景观等方面的内容。在已有的文献资料中,更多地出现在校园人文环境、校园物质人文环境、校园精神人文环境等方面。学校环境潜移默化地影响着学生的身心发展。

(一)校园文化建设动力不足,制约校园文化育人功能

学校精神文化环境是以大学精神、学校校风、教风学风、文化活动、心理氛围为主要构成内容的高校师生在日常的沟通交流中,形成的观念、思想准则以及由此形成的学习氛围。学校精神文化深刻影响着第二课堂实践育人活动的开展方向,深刻影响着通过潜移默化的教育方式,影响着大学生的实践行为。但现实的情况是,对于学校的校园文化建设,特别是校风文化建设,一些高校的力度还稍显不足。

一是对校园文化的认知模糊。一些高校缺少全面、系统、科学的校园文化,简单地认为校园文化建设是教育教学活动管理的重要内容。

二是没有形成真正的校园精神文化建设的核心价值观,更没有体现出学校的办学特色,如大学精神、办学宗旨、指导思想、校风、教风、学风等。校园文化理解上的误区,导致了在价值取向上忽视了人文精神教育。一方面影响了大学生的人生观、世界观、价值观的养成,另一方面也导致了大学生重视个人技能的提高,轻视了思想品德的培养,最终将导致第二课堂实践育人成效不高,这是教育者、教育内容、育人环境等多种要素共同作用的结果。

(二)部分教师教书育人脱节,影响全员育人体系形成

首先表现在理论与实践的脱节上,教师的教学与育人脱节。为了适应社会发展的需求,高校在专业设置、课程设置、人才培养方案制定等方面,必须要理论与实践相结合。但是,目前存在一些高校在专业设置、课程的安排,以及教学的计划等方面,不能按照社会发展、用人单位的需求进行设置。这一问题导致人才培养质量不高,不能较快适应工作岗

位的要求，学生学习的兴趣不高，进而影响教育教学效果。其次，表现在教学对人的教育功能的缺失。只注重实际教学过程中的知识传授而忽略了发挥育人功能；对大学生的心理需求，在教育教学过程中把握不准；在课程内容的选择上，比较注重理论知识的讲授、对实践操作不够重视，学生缺乏动手锻炼，理论不能较好地联系实际；在方法运用上，理论知识讲得多，学生参与得少，较多地进行简单灌输，较少与实际生活相联系。另外，还表现在一些老师对教书育人的重要性没有足够理解。有少数教师在教育教学工作中，过于重视科研任务而轻视教学任务，过于重视智育的培养而轻视德育的培养，过于追求学历而轻视素质的提升等行为。在高校中，对教师的考核与评价，更多关注教师的学历高低、科研成果的多少、职务的高低等方面，因此出现不少教师把更多的精力花费在这些方面，轻视教育教学过程，从而影响教学效果。

有些高校虽建立了第二课堂理论学习导师制，以实现第二课堂理论学习活动课程化，然而，部分教师教学与育人脱节，一定程度上阻碍了高校全员育人体系的形成，最终对第二课堂实践育人成效产生了较大不利影响。

（三）学校周边环境治理乏力，降低学校实践教育效能

高校周边环境是近几年复杂的校园周边环境的重要组成部分，对大学生的思想和行为产生了潜移默化的影响，高校忽视了对周边环境的关注与建设。校园周边存在无证的商贩进行售卖食品的现象，很多商贩为了追求利润，不顾社会影响和学生安全，将“三无”食品甚至过期、变质、腐败的食品卖给学生，问题食品对学生的身体健康造成威胁。还容易造成学校路段交通堵塞，极易导致交通事故。娱乐场所良莠不齐，不少大学生缺乏自制力，面对各种各样的游戏、形形色色的网站无法抗拒，一切都让大学生们的学习活动进程受到影响，也不利于健全大学生个性和文明习惯，在不同程度上更抵消了学校第二课堂实践育人的效果。

这几年大学的规模越来越大，学校存在一些管理上的漏洞。每天进出校门的人数较多，成员较复杂，其中包括学生、教职工家属、外聘的建筑工人等。此外，由于新校区的开发多数是处于城乡结合部，人际关系较复杂，存在一定的安全隐患。而校园周边的复杂环境，是大学生经常

接触的地方,在一定程度上对大学生的思想产生一些消极影响,进而影响到实践育人第二课堂的开展,降低了学校实践育人的功效。

三、家庭教育环境负面因素制约学校教育效能

家庭是社会的基本生活单位,是人生的第一所学校。家庭的教育和学校的教育是分不开的。家庭成员是影响孩子思想品德和行为习惯养成的重要人员。其中,家长的修养、素质、教育理念以及教育的观念等都会深深影响孩子成长。比如,孩子与家长的相处,亲人之间的交流以及待人待物的态度等,对大学生的健康成长产生较大的影响,在他们的心中留下深深的印象。一般情况下,亲人之间相亲相爱、互帮互助,这样的做法也会让大学生深受感染。生活在和睦的家庭里,学生容易表现出与同学友爱、做事自信、拥有乐观的心态,在学习生活中更乐于投入。这也直接影响到第二课堂教育教学的有效性。

(一)部分学生家长教育素质偏低,影响家庭教育效果

在家庭教育中,影响孩子成长的一个重要因素是家长的教育素质如何以及采取何种教育方式。一般教育素质高的家长相对比较民主,有一定的专业知识对孩子进行教育,能在平等民主的环境下与孩子沟通,注重培养孩子的独立能力和动手能力。当孩子遇到难题或做错事时,家长会耐心地对孩子进行解释,并对孩子的问题进行分析,进而对症下药,拿出解决的对策;但对于教育素质不高的家长而言,完全凭主观意识教育孩子,不会协调家长与孩子的关系,不能从思想上正确、科学地引导孩子,不会注重实践活动对人的成长起到推动作用,家庭教育的成效必然受到制约。

(二)科学理念和教育方法有缺失,增加学校教育难度

一直以来,一些家长受传统的教育理念影响,盲目追求高分,过分重视孩子的成绩,强调对智育的培养,而忽略了对孩子动手能力的训练。有的家庭难以适应社会对家庭教育快速发展的要求,原因是家长文化素质低,在教育小孩上,方式方法不对,语言粗鲁、对待孩子的态度较生

硬，缺乏与孩子真诚的沟通，家庭教育效果低下，不重视科学引导孩子健康成长。有资料显示，有的家长受传统观念的影响，依然采取最无效的打骂方式教育孩子，甚至还认为，家长在孩子面前是长辈，孩子必须无条件服从，这样的家庭教育缺乏平等沟通、缺乏相互尊重，这将对孩子成长过程中的思想和品行造成不良的影响。此外，由于一些独生子女家庭，溺爱孩子，对一切都进行包办，从而导致孩子过于任性，养成了唯我独尊的毛病。但是父母在“望子成龙”的心理驱使下，不断给孩子报各种课外辅导班，这不但增加了学生的学习负担，更重要的是失去自由选择的机会，对孩子的健康成长有一定的消极影响。在激励方式上，过于重视物质奖励，而忽视精神激励对孩子的成长更重要。过度地追求物质激励，不利于孩子形成健康、科学的价值观，容易导致形成错误的“金钱至上”和“拜金主义”价值观。这样的孩子进了大学以后，很容易在大学的生活、学习和人际交往中，自觉不自觉地把这种不良的思想和品格带进来。第二课堂的实践教育最终影响到实践育人的实际效果，这对高校开展第二课堂教育教学增加了难度。

（二）部分家长对子女的过高期望，扭曲教育价值取向

一方面，尽管多年来我们一直倡导素质教育，但在绝大多数人的观念中，应试教育仍然没有完全改变。特别是同西方发达资本主义国家相比，我国是一个经济发展水平尚有差距、生存压力较大的发展中国家。对于家长而言，他们认为孩子就是他们的未来，希望自己的孩子以后能出人头地。这种观念导致在家庭教育中，有的家长只关注孩子的吃、穿、住、学等方面的成绩，在孩子眼里往往是只关注孩子“成才”而不关注“成人”的分数代表一切。有些家长把所有的希望都寄托在孩子身上，按照自己的想法给孩子设计各种人生。再加上当今社会竞争日趋激烈，就业压力逐年加大，不少家长对子女抱有很高期待。在对待孩子的学习上，有的家长过分看重分数的高低。此外，还有家长给孩子的课余时间安排得满满当当，按照自己的设想，给孩子报了各种各样的兴趣班，让孩子得不到休息。这种不正确的成才观教育，在限制第二课堂实践育人成效发挥的同时，必然对大学生的思想产生不良的影响。

四、网络文化环境消极效应削弱课堂教学效果

作为当代大学生，网络文化中的一些内容对于活跃高校校园文化生活，丰富大学生阅历，完善大学生的知识结构有很大的帮助，大学生可以在业余的时间多了解有益的网络文化，不断充实自己的知识，网络文化环境对第二课堂实践育人的影响尤为突出。

（一）网络西方文化意识形态侵蚀，削弱课堂教学效应

互联网对人们的生活方式和思想观念产生了深刻影响，塑造了全新的社会生态。西方世界的个人主义、拜金主义、享乐主义等腐朽思想通过网络渗透到中国，使中国网络文化空间的纯净受到侵蚀。青少年学生在信息辨别能力不足的情况下，由于网络环境不易监管，鱼龙混杂，极易被各种不良思想侵蚀，思想上容易受到影响。这无疑冲击了第二课堂实践育人传递的真、善、美，降低了第二课堂实践育人课堂教学的有效性。

（二）商业化娱乐化庸俗化取向，背离实践育人价值追求

近年来，我国网络空间充斥着大量低俗、商业娱乐化的信息，对大学生的心理养成与价值观塑造产生了消极影响，削弱教育教学的实际效果。

第一，游戏文化和娱乐至死不渝的文化现象屡见不鲜。从网游到单机版的小游戏，各种各样的游戏文化都深受大学生的喜爱与追捧，网络游戏成瘾的大学生普遍存在。有的大学生甚至可以连续几天不吃不喝地沉迷在游戏中，这不仅影响了他们的学业，而且影响了他们的生活态度，影响了他们的人生目标，更重要的是动摇了大学生的理想信念。网络文化中的泛商业、泛娱乐现象，为了迎合大学生娱乐的目的，对娱乐内容进行加工，用通俗文字和感性形象转化为核心观点，以达到模糊大学生的认知，长期受到此类网络信息的“熏陶”，极其容易陷入认知误区、价值取向扭曲的错误行为，这显然不符合实践育人第二课堂的预期目标。

第二，奢侈消费与拜金主义发展迅速。一方面，网上购物已成为人

们购物的首选，而且好处多多，方便快捷，有什么需要就买什么，不用出门就能买到。然而，泛商业化在互联网消费文化中却是严重的。另一方面，网上奢侈消费盛行，微商霸占了微信，大学生们内心的购物欲望膨胀，拜金主义滋长，高校学生攀比之风愈演愈烈。在人人都是信息发布者的自媒体时代，名牌衣服、手机、手包等往往被大学生们“晒”到网上，这对其他大学生的攀比行为无疑是一种刺激。

第三，色情文化不容忽视。大学生容易受到不良网络文化因素的影响，进而影响大学生的婚恋观，这就是网络色情文化融入其中的原因。一方面，我国在性教育方面还处于落后状态，家庭中直接对子女进行性教育的父母很少，这是受中国传统文化的影响。种种原因导致大学生仅凭自己的网络文化来接触性教育，但由于网络上的性教育内容千奇百怪，把网络上的色情文化当成性教育的启蒙，影响了学生的身心发展，从而误认为色情文化就是性教育的内容。而马斯洛需要论则表明，需求层次越低，需求越强烈。高校性教育缺失，大学生喜闻乐见的是网络色情文化的便捷和隐蔽。此时的大学生如果无意识地沉溺于网络色情文化中不能自拔，极其容易造成对婚恋观认识的偏差，进而产生对相对文化的误解。最后，大学生容易受西方文化特点的影响，而不正确的婚恋观，如性婚分离、性爱分离、婚恋分离等，也与实践育人在第二课堂的预期目标相违背，给大学生的婚恋教育增加了难度，制约了第二课堂实践育人的有效性。

第四，网络恶俗文化冲击。网络的匿名性，让道德监督在网络世界里一发不可收拾。长时间对网络道德的不正确认知，会在课堂下和网上造成大学生和一些老师的言行不一，潜移默化地反映和投射到现实生活中。对于教师来说，这种表里不一、言行不一的现象，很容易削弱教师的权威，影响第二课堂实践育人的说服力，使第二课堂实践育人的有效性下降。

（三）教育文化话语权隔离分散，挑战主流文化权威地位

传统媒体时代，传播主流文化一般都是以独白的方式，发出的声音也是一致的，不管是什么传播媒介。这些统一使用科学用语、进行主流文化传播的权威机构，其政府和官方媒体的权威性毋庸置疑。但这一传播形式在大学生群体中并不容易被接受，甚至出现被排挤的现象。话语

权在网络文化中的迁移,是从权威机构迁移到平民大众。在实践育人的第二课堂中,主流文化主要通过传统教育中具有绝对权威的高校教师来传播,而这种话语权的迁移,使得教师的权威和政府的权威在新媒体中被分解。网络文化时代,人人都是文化的缔造者,人人都有发言权,挑战着老师们的权威。高校教师与大学生之间的交流,一方面是因为网络的虚拟性特征,不是面对面的,而是通过本身就削弱了教师权威性的网络文化这一媒介来进行。另一方面,大学生在网络文化中的主体地位逐渐凸显,在网络文化环境下,教师和学生应该是平等沟通的主体。大学生可以在平等前提下,通过互联网文化的形式,毫无顾忌地进行真实表达。此外,改变传统教师与学生主客体关系的是网络文化的多主体特征,这一关系的改变也决定了实践育人的方式在第二课堂由以往的灌输式向互动式的转变。

五、心理环境渗透隐性教育功能尚未高度重视

(一)个体心理环境未生效

第二课堂实践育人的认知环境、情感环境、意志环境以及个性环境共同构成了第二课堂实践育人的个体心理环境。个体心理环境是提升第二课堂实践育人有效性的重要保证。

第二课堂实践育人过程中缺少大学生的认知和认同,教师的课堂教学就不能得到大学生的认同、支持、配合和投入,教师课堂教学的有效性得不到保证。不同的情感体验会因客观事物的特性不同而产生,也会因认知主体的需求不同而不同。大学生在教学过程中对教育目标、教育内容、教育方式方法的认知和认同,如果没有情感环境的参与和带动,是无法得到强化的。在第二课堂实践育人中,意志环境是指为了实现教育目标的各种因素,大学生能否自觉地按照第二课堂实践育人的目标,采取各种方法,主动克服困难的总和。但是,第二课堂实践育人的个性环境,以大学生的认知、情感、意志等心理过程为基础,对大学生的个人倾向、心理特点,包括大学生的性格、成长经历、家庭背景、文化程度、独立能力、动手能力等,在第二课堂实践育人行为中产生一定影响。在接受第二课堂实践育人内容时会因性格、兴趣、爱好、生活阅历、家庭

背景、文化程度等不同而有所差异。这种差异也会导致在教育教学过程中，大学生对第二课堂实践育人成效的认同、支持、配合、投入等方面的差异明显，最终呈现出发展的不同局面。

（二）群体心理环境未达标

1. 课堂心理环境

课堂心理环境是指教师与学生的关系、课堂气氛、班级风气、教师期望等，被班级成员在以教学班为单位的教学活动中感知和体验到的环境。第二课堂实践育人的教学质量高低，与良好的课堂心理环境有很大关系。由于不重视课堂心理环境的建设，没有有效地发挥课堂心理环境自身特有的启发、暗示、感染、熏陶等育人功能，制约了第二课堂实践育人整体的效果。

2. 朋辈心理环境

班级集体、寝室、学生社团等是常见的朋辈心理环境。在朋辈的心理环境中，大学生的思想观念、价值取向、思维方式也有一定的相似性，因为他们年龄相近，经历相似，志趣相投。在生活学习中互帮互促，共同进步。当朋辈心理环境中同辈的认同、肯定、赞赏，在第二课堂的实践育人过程中，与教育目标的指向相一致，就会推动第二课堂实践育人成效的提升；反之，当二者不一致时，实践育人的成效就会在第二课堂上受到制约。

第四节　心理学视域下学校组织因素

管理心理学认为，组织是在分工合作的基础上，在不同的权力配合下，各自分配明确的任务，扮演不同的角色，以达到某种特定的目标。因此,机构就是一个需要相互合作的组织,它面对不同的角色,其中包括有形要素与无形要素两种。有形要素是每一个组织都必须具备的物质条件,无形要素主要是指组织机构存在的无形精神条件。而高校的根本目的在于培养全面发展的大学生。而高校作为一个特殊的组织,组织机构里包括教师、其他行政部门的管理人员,都是高校的一分子,但是都有一个共同的目的就是为祖国培养人,都是服务于受教育者,只是大家各自分工不同。此外,第二课堂教育教学有效性的要素,主要包括家庭因素、社会因素、学校因素等。但是在学校这个主要因素中,又包含了其他的关键要素,紧密地与高校第二课堂实践育人的有效性联系在一起。比如组织管理制度、教育目标的制定、教育方法的选择、教育者、受教育者等。

一、学校组织领导体系不健全

首先,组织机制的不完善是高校第二课堂文化育人工作实效性不强的一个主要因素。育人工作最重要的是"人",是以人为中心开展的工作,是以促进人的全面发展为目标实施的工作。而在保障育人工作中这一因素有效发挥的重要环节,就是建立健全完整的协作分工机制。教育主体在开展第二课堂文化活动的过程中如何分工协作、有机配合,如何组建人才培养的高素质队伍、如何明确各部门权责,这些问题的存在都是导致第二课堂文化育人实效难以提升的原因。完善健全的组织机制对于学校党团组织、校级领导部门、院级相关部门、学生组织等各自的职责职能、运行制度、保障机制等都有明确规定,只有建立和完善高校第二课堂文化育人的组织机制,明确各部门自身权责范围按规范协同开展育人工作,才能确保第二课堂文化育人活动的有效进行。

其次,各部门缺乏交流沟通。尽管高校各个部门都有自身的职责职能范围,各司其职开展育人工作,但有序的育人工作也需要各部门之间配合完成。缺乏一定的交流沟通导致在第二课堂文化活动的进行中具有一定沟通障碍,不利于各部门形成合力,影响第二课堂文化育人工作的开展。因此,建立完善第二课堂育人组织机制、改善组织机制中的薄弱环节,是高校育人工作有序进行的机制保障,是促进各部门之间加强沟通交流的桥梁,是促进教育各主体形成合力的重要因素。只有各实施主体形成合力,才能保障第二课堂文化育人工作顺利开展。

最后，在加强第二课堂实践育人的领导过程中，管理层面与具体实施教育的教师的目的是一致的。针对各个高校第二课堂实践育人的理念与培养目标，高校管理层面考虑教师队伍的配备、活动经费的投入、教育教学的创新发展等，都需要学校领导层面进行讨论决定。但是在讨论过程中，大家的能力有所差异，理解能力也有所差异，因此在具体实施过程中与预期的效果会存在一定差距，这就给高校第二课堂实践育人的实效增加了一些不确定因素，使他们的实践教育成效进一步出现问题。第二课堂实践育人具有鲜明的时效性，在某种程度上就决定了学校领导层面在应对和处理大学生面临的问题时，应该反应迅速，大家集思广益，针对存在的问题，结合实际情况，具体问题具体分析，寻求解决大学生急需解决的问题，提高高校的公信力和权威性，以期达到第二课堂实践育人的最大效果。

二、学校管理机制运行不顺畅

高校相继落实出台了“第二课堂成绩单”制度，将文化、科技、艺术、体育、社会实践、志愿服务、课外实训等各类课外活动，作为第一课堂的有机补充，通过客观记录、有效认证、科学评价学生参与第二课堂的经验与结果，推动“第二课堂成绩单”已成为学校人才培养评估、学生综合素质评价、社会单位选人用人的重要依据和为培养创新型应用人才提供有力保障。

现行的第二课堂教育体系，旨在通过建立起“价值塑造、人格养成、能力培养、知识探究”的创新人才培养机制，加强第一课堂在人才培养中的重要作用，促进第一课堂与第二课堂的互融、互动、互补、互促，促进大学生全面发展。文化、科技、艺术、体育、社会实践、志愿服务、课外实训等各类课外活动，作为第一课堂的有机补充，推动“第二课堂成绩表”成为学校人才培养评价、学生综合素质评价、社会单位选人用人的重要依据，为培养创新型应用人才提供有力保障，通过对学生参加第二课堂的经验和结果进行客观记录、有效认证和科学评价。

（一）系统激励机制不足，影响教师教育教学投入程度

在第二课堂实践育人中，学校组织管理系统的激励机制是指，在第

二课堂实践育人中，以第二课堂实践育人目标为动力，不断加大自身教学投入，促进大学生德智体美劳全面发展，高校需要建立健全适当的奖励措施，采取适当的激励方式来激发教育者的积极性。从要素投入来看，既要加大硬件要素投入，也要加大软件要素投入，才能使激励机制良性运转。在表现形式上，既有精神激励，如表扬、荣誉称号、晋职、深造等奖励，同时也有物质激励，如奖金、报酬等。激励也是大学实践育人第二课堂指导的过程，但现有激励机制及激励力度不够，形式单一，对教师的教学投入形成了一定的制约，未能深刻把握第二课堂实践育人的本质和规律，未能促进大学生能力的提高。

（二）信息沟通机制顺畅，影响教育管理系统正常运转

建立实践育人的第二课堂信息沟通机制，有助于提高第二课堂教育教学效果。影响第二课堂信息沟通的人主要包括校级领导、院级领导、中层管理领导、班主任、任课教师、受教育者等，他们之间建立起横向联系机制，有助于信息的顺畅沟通。同时还应该建立一些获取信息的途径，比如建立反馈信息的校长信箱、邮箱、微信群等。信息沟通渠道不顺畅，会直接影响学校领导不能及时掌握第二课堂实践育人的运行情况，不能真实了解第二课堂实施效果，从而导致对问题把握不准，影响第二课堂实践育人的有效性发挥。

（三）效果评估机制完善，组织管理系统自身优化不足

以第二课堂实践育人目标为依据的高校第二课堂实践育人评价机制，运用科学的评价方法，科学合理地评价高校第二课堂实践育人的过程和取得的效果。在考核对象上，既考核第二课堂的实践育人效果，又考核第二课堂的全要素、全过程的实践育人效果；针对教育者、受教育、负责分管第二课堂的部门进行考核，在考核的过程中，包括第二课堂教育实施的情况、开展第二课堂教育教学取得的成效。但是现有针对第二课堂教育实践育人评价体系不够完善、评价方法的合理性还存在一定问题，需要进一步完善。这在一定程度上制约了第二课堂实践育人评价结果的客观性、科学性和合理性，同时也影响了第二课堂实践育人的成效。

（四）保障机制支持乏力，课堂实践育人有效性能不足

科学有效的第二课堂实践育人管理体系，还必须具备支撑组织发展、有序运行的投入保障机制，为第二课堂实践育人成效注入强大动力。在构成要素上，经费投入充足，师资力量雄厚，管理体制有效，是投入保障机制的组成部分。在实践育人的第二课堂，没有足够的资金投入，教学条件得不到有效改善，教师缺乏外出培训或进修的机会，教师的业务能力得不到提高，同时，学生外出开展社会实践或者参观学习的机会就会受到影响。总之，第二课堂教育教学缺乏一定的保障机制，会导致第二课堂实践育人成效动能不足，使第二课堂实践育人低效或无效。

第五章　心理学视域下高校第二课堂实践育人的提升策略

针对高校第二课堂实践育人存在的问题，笔者通过运用心理学理论对高校第二课堂实践育人的教学目标、教学内容、教育方式、教育过程、教育环境、教育评价、教育者、受教育者八个方面内容提出有效性的提升对策。

第一节　高校第二课堂教育目标有效性的提升对策

高校第二课堂教育目标在第二课堂课程设计与开发过程中具有重要的导向性和指导价值，指的是期望一定阶段的学生在德、智、体、美、劳等方面应达到的程度。这既是落实立德树人、培养人才的根本任务，也是对高校第二课程开发、实施和评价提出的总体质量要求，提升第二课堂教育质量，首先必须提升第二课堂教育目标有效性。

第二课堂教育是对学校人才培养方案的重要补充和完善，是指在第一课堂外，学生根据自己的特长和爱好利用课外时间独立或在教师指导下参与教育培训、学科竞赛、学术讲座、科研项目、创新创业、社会实践等各类活动。但在实际的调查中，可以发现第二课堂缺乏目标引导，活动安排较随意，没有形成像第一课堂一样的目标体系。从教师层面不利于师资的整合，从学生层面不能满足学生发展性需求，导致第二课堂活动具有一定的偶然性和同质化，甚至偏休闲、娱乐，没有充分发挥其在能力提升、知识扩展和个人发展方面的价值。这些都说明高校第二课堂实践育人的教育目标有效性没有达到理想的效果，需要进一步提升高校第二课堂实践育人的教育目标有效性。同时，经分析显示，高校第二课堂的教育目标有效性对大学生实践教育总体有效性影响显著。这说明，要提高第二课堂教育有效性，首先必须提高教育目标有效性。如何提高教育目标有效性呢？笔者认为，根据心理学教育的专业性、针对性和实践教学的特点，根据新时代高校教育“以人为本”“立德树人”的要求，第二课堂的教育目标应该着重凸显大学生实践的社会价值，根据社会需要确定教育目标，把学生培养成为德智体美劳全面发展的人。

一、科学地设置高校第二课堂实践育人的教育目标

2018 年 7 月，共青团中央、教育部联合印发《关于在高校实施共青团“第二课堂成绩单”制度的意见》，指出“第二课堂成绩单”制度是实现共青团组织实施的思想政治引领、素质拓展提升、社会实践锻炼、志愿服务公益和自我管理服务等第二课堂活动的科学化、系统化、制度化、规范化，实现高校学生参与共青团第二课堂可记录、可评价、可测量、可呈现的一整套工作体系和工作制度。第二课堂制度是“死”的，通过运用积极心理学的理论知识，充分肯定人内在的潜能，将心理学与第二课堂实践育人的教育目标有机融合，将第二课堂的教育目标变成“活”的，紧跟大学生的身心发展，有助于培养积极向上、乐观开朗、充满自信的大学生。

（一）第二课堂实践育人的教育目标应让学生在乐中学

怎么让学生做到在乐中学？孔子曾赞其弟子颜回说道：“贤哉，回也！一箪食、一瓢饮、在陋巷，人不堪其忧，回也不改其乐。”一般人都忍受不了的那种困苦和忧愁，颜回却不改变“爱学乐学”的快乐。在孔子眼里，颜回是“好学乐学”的一个典型。颜回是如何做到乐学的呢？在赞扬颜回的国篇中，孔子说：“知之者不如好之者，好之者不如乐之者”。有一个成语叫做“寓教于乐”，说的也是同一个道理，学习应该是在乐学中进行的。其实兴趣爱好才是学习的源动力，在乐学的过程中掌握学习的方法，提高了学习效率，取得成功。成绩提高了，学习的兴趣更高了，继而又更加激发乐学，形成“乐学—成功—再乐学”的良性循环。如果

学生在苦学的状态下，因为求知而被剥夺了快乐，缺乏认知的需求，那么，学生就会产生厌学的心理。第二课堂教育作为一种培养人的实践活动，如果教育者单纯地追求社会本位目标的实现，而忽视受教育者的个人本位目标，这将会大大影响受教育者的积极性，进而影响第二课堂教育教学的有效性。笔者主张学生应在乐中学、学中乐，通过在实践活动中学习知识，激发学生的学习兴趣、强健体魄、开阔眼界。古而有之，李白曾宣言，“一生好入名山游，五岳寻仙不辞远”，他游山玩水寻师访友，留下无数千古美文诗句。徐霞客通过游历祖国的大好河山，写下《徐霞客游记》，这篇作品既富有文学色彩，又具有重要科学价值，记录了他一生游历生涯中的所见所闻，有山川河流，有气候植被，有风俗人情。毛泽东从小爱学习，热爱大自然，才饮长沙水又食武昌鱼，他拥有到中流击水，浪遏飞舟的博大胸怀，统一了中国。因而，使大学生轻松快乐地受教，应该成为积极心理学给予第二课堂实践育人的有益启示。同样，大学生的普遍心理也是期待通过自己的努力而收获幸福的，因为这种幸福感来源于自身的内在体会，这有助于激发学生积极、主动参与学习，追求更远大目标，增强学生的实践动手能力。

综上所述，第二课堂实践育人的教育目标应让学生在乐中学。

（二）高校第二课堂的教育目标应使学生具备创新能力、实践能力

建构主义理论认为：知识不是通过传授而获得的，而是学习者利用必要的学习材料，借助他人的帮助（包括老师和学习伙伴）而获得的，是在某一特定情况下取得，即在社会文化背景下通过意义建构而获得的。发展当代大学生的创新能力，提高大学生的创新素质，是当前我国高校全面推行素质教育的重要目的之一。在科技日新月异、高等教育承担着培养高素质创新人才重要历史使命的知识经济时代，创新能力的培养日益受到重视。顺应这个时代的发展，高校第二课堂诞生了。在大学第二课堂模式中，创新创业教育的板块占有重要的位置。创新创业教育是注重大学生个性化发展的先决条件，注重以主题施教为主，发掘其潜能，使其在市场上的优点与优势最大化。第二课堂通过大量的资源和空间来实现一系列开放活动，使大量的大学生脱颖而出，使其具有良好的个性。创新创业教育也让学生提前了解社会，适应社会，让自我的个性在社会的浪潮中得到发展，为今后的社会生活做好充足的准备。

综合上述，第二课堂的教育目标应使学生具备创新能力、实践能力。

二、完善高校第二课堂的教育目标体系

高校第二课堂的教育目标明确了受教育者在参加第二课堂教育教学活动的具体要求和行动标准，决定着第二课堂实践育人的教育过程和效果，是实践育人教育活动成功开展的理论支持，对培养教育对象的创新能力、实践能力具有重要意义。

因而，提升高校第二课堂实践育人的教育目标有效性，不仅需要正确、科学地设立教育目标，还要做到完善高校第二课堂教育目标体系，在遵循心理学理论规律的基础上，还需重点考虑受教育者的身心发展特征，以及在不同价值主体之间如何保持平衡协调。这既需要考虑社会发展的客观要求，又需要结合考虑实践育人主体的价值理念。

（一）高校第二课堂的教育目标体系实现工具性和价值性的有机统一

实践育人与社会变化有着紧密联系。大学培养创新型人才就是为一定的社会政治发展服务的，这是教育的工具性目标。而实践育人满足被教育者的精神文化需要，这即是教育的价值性目标。人本主义心理学家马斯洛的需要层次理论认为，最高层次需要即自我实现的需要。高校第二课堂的实践育人教育应着眼于满足大学生的自我实现需求，为大学生创造道德成长、实践成长、创新成长的条件，促进大学生的成长与发展，从而实现实践育人在高校第二课堂的价值目标。需要指出的是，促进大学生政治思想的成熟，也不能忽视高校第二课堂教育的工具性目标，使学生成为“德才兼备、全面发展的人”的要求，实现高校第二课堂教育目标体系的工具性与价值性的有机统一，把政治教育、品德养成与行为引导紧密结合起来，促进德智体美劳在大学生中的全面发展。这也是高校实行第二课堂的原因之一，因此，第二课堂是对第一课堂的补充和完善。

在对大学生进行政治思想正确引导的同时，也应该关注大学生的心理健康，将心理学理论知识融入教学目标的建设中，时刻关注大学生心理变化，并对大学生心理状况进行实时监测，可以有效地减少大学生心理疾病的产生，更好地辅助第二课堂实践育人目标的完成。

（二）高校第二课堂的教育目标体系将理想和现实有机结合

理想的高校第二课堂实践育人的教育目标是怎样的？是指教育者在教育准备阶段对受教育者行为规定、学习标准或理想规定的设计，那就是希望受教育者通过教育，使自己的身心各方面发生哪些改变，或者有哪些结果。在课程标准中，教育目标的具体解释是国家对教育的基本需求，也是对教育所要培养的人的基本规格与质量的要求。比如，目前我国的理想教育目标是"培养德智体美劳全面发展的社会主义建设者和接班人"，而第二课堂的建设与发展则应该遵守这个目标的规律。大学第二课堂实践育人的教育目标的现实性，是指大学实践育人教育目标的确立无法脱离客观实际。这些客观实际是：现有的社会生产力水平和物质精神生活条件、心理学发展的根本规律、大学生身心发展规律等。现实的高校实践育人教育目标是培养具有创新精神和实践能力人才，为国家的复兴、社会的发展贡献人才。实践育人重在实践，让大学生在亲身的实践活动中提升自己，如果仅仅停留在理论阶段，那实践育人的教育目标就只是空中楼阁。诚然，只强调高校第二课堂实践育人教育目标的理想性，忽视了社会发展、大学生身心发展的现实性，离开了这些客观实际，实践育人的教育目标就无法实现。因此，要面向现实，不仅要遵循大学生身心发展以及社会发展规律，顺应人与社会的发展；更要从大学生个体出发，考虑他们的身心发展诉求，不断激发大学生的潜力，培养其创新意识，锻炼其创新能力和实践能力。要将理想与现实相结合，在制定实践育人的教育目标时应该注重两者的有机结合，将心理学理论与第二课堂教育目标有机融合，不断改进、完善、丰富实践育人的教育目标，使其顺应社会发展的潮流，适应社会发展的需要。

（三）高校第二课堂的教育目标体系实现继承性和创新性的有机统一

在中国知网上检索到 1999 年最早出现"第二课堂"这一主题，中共中央、国务院在 1999 年发布的《中共中央、国务院关于深化教育改革全面推进素质教育的决定》中指出，高等教育要重视深化教育改革，全面推进素质教育，增强大学生创新意识，培养大学生创业精神、创新能力和实践能力，进而普遍提高大学生的科学素质和人文素养。2018 年，共青团中央、教育部联合印发《关于在高校实施共青团“第二课堂成绩单”制度的意见》中直接明确，“第二课堂成绩单”制度是实现共青团组织实施的思想政治引领、素质拓展提升、社会实践锻炼、志愿服务公益和自我管理服务等第二课堂活动的科学化、系统化、制度化、规范化，实现高校学生参与共青团第二课堂可记录、可评价、可测量、可呈现的一整套工作体系和工作制度。在一系列国家政策和地方政府支持下，高校第二课堂制度经过探索、创新、改革，逐渐拥有独特的较为完善的体系。

在传统的教育中，常常过分重视理论知识的传授，而容易忽视实践与理论结合的教育。在“培养德智体美劳全面发展的社会主义建设者和接班人”的观点提出后，部分传统的教育者仍会把实践育人划入劳育的范畴，缺少大局观，单纯地认为实践育人是劳育层面的教育内容，将实践与理论分离，不能很好地看待两者间的关系。实则不然，实践育人是每一个学科都应具备的观念，不仅让理论知识充实学生的头脑，更要让学生在亲身实践中、在活动中深入理解知识，感受知识带来的震撼，感悟做人的道理，这样才能真正达到实践育人的目的。

通过考察高校第二课堂实践育人教育目标发展的历史轨迹，不难发现，高校第二课堂实践育人的教育目标起初是模糊的，随着时代科学技术和社会经济、文化发展的需要，逐渐在国家和各级政府的支持下不断完善、发展起来，拥有了初具规模的系统体系。同时，高校第二课堂实践育人的教育目标始终都是在国家政策的指导下，顺应大学生心理发展特点，培养大学生创新实践能力。诸如，高校第二课堂中的创新创业教育板块主要是以当下社会出现的热点为题，希望大学生充分发挥自身优势，对此进行讨论并提出解决问题的看法，或者采取相应措施。参与“互联网＋”大学生创新创业竞赛、大学生“挑战杯”创新创业大赛等比赛，也是“第二课堂成绩单”加分项目，“第二课堂成绩单”制度的专业化、规范化会进一步激发大学生的创新意识、创新能力和实践能力。

在高校第二课堂实践育人教育目标体系设立时，顺应社会发展的需要，寻找新时代高校第二课堂实践育人教育目标的定位，积极创新发展，不断更新制度、体系，创造性借鉴和批判地吸收国内外开展第二课堂实践的成果，设立与大学生身心发展相适应的高校第二课堂实践育人教育目标体系。

（四）高校第二课堂教育目标体系体现层次性、针对性和系统性

高校第二课堂实践育人教育目标体系的建立，直接关系到高校第二课堂教育中的一系列问题。现阶段的高校第二课堂实践育人教育目标存在着缺乏层次性、针对性和系统性的问题，严重制约了高校第二课堂教育有效性。新时代要建立与之相适应、相对应的第二课堂教育目标体系，以不同阶段大学生的素质特点、身心规律、思想状况、接受水平和能力等为依据，更好地培养创新型大学生。

第一课堂是根据已有研究成果和布鲁姆教育目标分类，将教育目标体系分为：认知目标、情感目标和行为目标三个层次。与之相比，第二课堂的教育目标要更具层次性、针对性和系统性。

高校第二课堂的教育目标要有层次性。教育目标的设立要由易到难、由简入繁，可以从动作标准到思想认知的上升，从行为目标到情感目标的上升。对于刚进入大学校园的新生而言，他们面对的对象是新的，环境是新的，接受的事物也是全新的，这就要求他们尽快转变生活的态度。在这思想的转折点中，用科学的心理学理论引导大学生完成第二课堂的教育内容，这种良好的层次性是设立高校第二课堂实践育人教育目标要特别考虑的。

高校第二课堂的教育目标要有针对性。高校第二课堂与第一课堂相比，第二课堂更针对实践来开展。针对实践内容的广度、深度和高度设立目标，这是整个第二课堂实践教育衔接的需要，也是培养大学生创新意识，促进大学生全面发展的需要。而在实践中融入心理学理论，对大学生心理健康的发展有着极其重要的意义。实践教育帮助大学生适应社会，促进大学生初步正确处理自己与他人、社会、国家等关系，养成积极向上、乐观开朗的健康心理，培养自身良好的心理品质，使其成为适应时代潮流、符合社会需求的新时代大学生。

大学第二课堂的教育目标是系统性的。高校第二课堂实践育人制度是促进大学生德智体美劳全面发展的重要工作，所以，建立起一套充实的高校第二课堂目标制度，是促进新时代青年大学生德智体美劳全面发展的重要工作。

三、第二课堂目标设计的方式

（一）目标的构成

一个完整的课程目标包括 ABCD 四个要素：

A（audience）：行为主体，在第二课堂中的课程目标主要是指参与第二课堂的受教育者，是课程目标表述中的主语。教师在设计课程活动目标时，要注意强调学生的学习行为，在课程目标开头要清楚表达目标的行为主体是学生，例如“学生……”“能评价……”“能辨认……”等描述。

B（behavior）：行为动词，主要表达清楚通过开展第二课堂教育教学活动，学生能做什么，是课程目标表述的谓语和宾语。主要强调采用可以观察、具有可操作性、容易接受检验的行为动词来描述。

C（condition）：行为条件，主要说明上述的行为在什么条件下产生，主要是目标表述的状语。比如：“通过开展第二课堂小组探究活动，制定……”“在网上收集材料，检验……”。

D（degree）：表现程度，主要是用来测量学生参加第二课堂教育教学活动所达到的程度。比如：“能准确地运用教师技能进行……”“客观正确地评价……”等，表述的状语部分，正确地限定了目标水平，以便检测。

（二）课程目标的设计方式

完整的课程目标体系包括结果性目标、体验性目标、表现性目标。针对不同的目标，也有不同的说法。下面介绍前两种。

1. 结果性目标的陈述方式

结果性目标主要表达说明经过努力，最终学生取得的结果是什么，指学生参加第二课堂教育教学结束后学生身上发生的行为变化。主要运用于“知识与技能”领域。其中，“知识”子领域分为了解、理解和应用三个水平,“技能”子领域分为模仿、独立操作和迁移三个水平。这种目标指向性具有精确性、可操作性、具体性等特点。

2. 体验性目标的陈述方式

体验性目标主要是描述学生自己的心理感受、情绪体验。所采用的行为动词是体验性的、过程性的,在高校第二课堂教育教学中主要检验学生通过开展形式各样的教育教学活动,在活动中获得的心理感受与情绪体验。主要分为三个层次水平:即经历(感受)、反应(认同)和领悟(内化)。具体如表 5-1 所示。

表 5-1　体验性目标的三个层次水平

目标水平及含义	行为动词	举例
经历(感受)层次:包括对相关的获得进行独立地从事或合作的参与,以及感性认识的建立等	心得,感受,参与,探讨,交流,合作,分享,参观等	走进广西百色红色革命老区,通过大量珍贵生动的历史图片、革命文物,学生获得一定的初步体验。深刻领会百色起义精神,真切感受到革命先烈追求梦想和真理、不畏强敌、不怕牺牲的感人事迹,进一步领会了革命精神的丰富内涵,赓续红色血脉
反应(认同)水平:包括基于体验的情感表达、态度表达和价值判断;做出相应的应对措施	遵守,拒绝,赞同,赞赏,重视,尊重,珍惜,支持等等	通过走进红色革命基地,尊重真实历史,真切感受到革命先烈追求梦想和真理、不畏强敌、不怕牺牲的感人事迹,珍惜来之不易的生活
领悟(内化)水平:包括心态比较平稳;表现为连续的行为;具备个性化的价值理念等	形成、养成、热爱、树立、建立、确立、追求等	具有学习红色文化,确立爱国主义精神的求知欲

第二课堂的课程目标分为课程总目标和专题课程目标。课程的总目标是根据教育目的和高校的培养目标而确定的,课程的总目标是第二课堂课程的出发点,而课程专题目标是指在具体的第二课堂教育教学活动中的细化目标,与课程总目标不同,专题课程目标强调具有更强的操作性,专题课程目标的要求更加具体化。

第二节　高校第二课堂教育内容有效性的提升对策

高校第二课堂教育内容作为第二课堂教育的核心要素，是教育目标的具体体现，也是实现教育目标的载体，对高校第二课堂教育有效性起着关键作用。同时，高校第二课堂的教育内容也是高校第二课堂教育理论课程体系、实践教育教学体系的依据。因此，提升高校第二课堂教育有效性，必须提升高校第二课堂教育内容有效性。

高校第二课堂的教学内容主要包括四部分：一是思想政治与道德修养，主要包括各级组织开展的各类思想政治教育活动，如共青团主题活动、形势政策报告会等。二是社会实践与志愿服务，主要包括寒暑假社会实践、“三下乡”活动、社会调查研究、公益服务、公益劳动和各种志愿服务活动。三是文化艺术与身心发展，主要包括各级组织开展的文化、体育、艺术、心理健康等活动。四是学术科技与创新创业，主要包括各级组织举办的学术报告、科技论坛、创业沙龙、科技创新大赛、专利申请、科研项目、创业实践等活动。

一、教育内容选择的依据

（一）教育内容选择满足学生心理需要

人本主义心理学认为，人有不同层次的需要。由于年龄特点不同、专业不同、性格不同，身心发展规律不同、接受能力也有所不同，这就需要建立与之相适应、相对应的、因材施教的教育体系。

1. 时代和社会影响了大学生需求的变化

随着时代和社会的发展变化，当今大学生的需求也有了不同的发展。

第一,大学生需要更强烈。大学生的需求随着自身生理、心理的不断发展而日益旺盛。尤其是日益增大的社会竞争压力,大学生对未来的焦虑感也越来越强。

第二,大学生更加注重全面发展。金艾裙等人认为:“自我发展的需求”“学习技能的需求”“求职技能的需求”是大学生各类需求排在前三位的。随着社会经济的进一步发展和高等教育改革的进一步深化,社会对大学生提出了更高的要求,迫使他们更加注重自我的全面发展,而不是求知所需的满足。在品德、学识、能力、心理、人格、体魄、学业、友情等方面,渴望独立自主、自强自立、全面发展。因此,大学第二课堂的教育应顺应时代发展的变化,顺应大学生需求的变化,促使大学生激发兴趣,获取知识,提高素质,开发潜能,通过专业教育增强能力,在教育内容的选择上满足大学生的需求,达到全面发展的目的。

第三,具有明确的目的性和功利性。大学生需求结构的改变,说明当代大学生需求的改变是紧密联系实际的。第二课堂成绩单制度是在逐步完善中形成的,目的和功利性都是为了满足大学生的需求。大学生求知的目的,更多是看重经济利益和社会效益。大学生需要结构的变化,原因是多方面的,具体表现为:在选择课程时,大学生对专业课程的重视程度较低,也有不少学生更加喜欢技术性实践类的课程,而对枯燥的理论课程不感兴趣。

第四,需要具有矛盾性。大学生有各种各样的需求,但是各种需求之间因为这些需求的性质和作用不同而较容易产生矛盾。矛盾性是指大学生个人需求和社会需求的矛盾。因此,在大学第二课堂的教育中,不仅要促进个人的全面发展,还要结合个人需求,促进大学生个人发展。在个人发展需求与社会发展需求相矛盾的情况下,教育大学生更多地学会从心理学角度进行取舍,培养他们始终能把社会责任放在第一位的社会责任意识,在促进自我全面发展的同时,也要履行好社会责任。

第五,需要的不稳定性。首先,大学生的需要结构不是一成不变的,是受多方面因素影响的,是处于动态发展的。这就导致他们在知识结构上必须得随之调整,不断变化。二是从需求强度上看,随着环境的变化以及学生能力、需求的变化,学生需求的程度也在不断地发展和改变,因此不能稳定地反映出不稳定的因素。比如,受教育者为了能适应工作岗位对所需要获得知识和技能、在学校得到老师和同学的认可和尊重而获得的信心，以及在学习过程中学会处理的人际关系等，但相比而言，求知的强度会比找工作的强度更大，这对于立志继续求学的大学生来说，更是如此。

第六，实践活动是大学生获取社会经验的途径。第二课堂实施大学生实践教育的根本价值追求，要对大学生的能力发展需求进行准确的分析、把握和满足。只有关注大学生个人发展的需要，帮助大学生满足这种需要，才能使大学生亲近实践教育，使大学生更好地接受社会的要求。

2. 教育内容选择满足学生心理需要

鉴于上述大学生自身需要的认知和需要特点，要提高高校第二课堂教育有效性，大学生第二课堂实践教育内容选择首先要满足他们的心理需要。

首先，教育内容选择是基于“以人为本”教育理念，这也是第二课堂教育顺利开展的逻辑起点。高校第二课堂教育内容选择在了解大学生需求的基础上，以大学生需求为出发点，坚持贯彻“以人为本”的教育理念。

其次，高校第二课堂教育内容选择尊重大学生的需要，大学生的需要是客观存在的事实，选择高校第二课堂教育内容时，首先要立足大学生需要，这是提升高校第二课堂教育内容有效性的前提。通过调查研究，选择一些学生感兴趣的、贴近学生日常生活的内容，更加容易让学生接受。因此，这就需要教育者对大学生的年龄特点、心理特点、兴趣爱好等方面深入了解，洞察大学生的内心世界，尊重大学生的需求。

再者，高校第二课堂教育内容选择不仅需要尊重大学生的正当需要，还要将个人需求与社会发展需求结合起来考虑。要想适应学生的合理需求，就必须对教育内容进行全面的改革和丰富，以达到最终的需求。这就需要高校第二课堂教育者掌握不同学生群体的众多需求、科学地选择、组织以及编排教育内容。同时，要为学生的合法需求提供一种新的思路。对于确实不能满足的需求，教育者应该主动与受教育者进行沟通，并将其原因告知学生，以便获得大学生的理解与支持。

最后，高校第二课堂教育内容选择时，在改造客观世界时要注意引导大学生对主观世界的合理需求。这就要求高校第二课堂的教育者，不仅要及时了解和掌握大学生的需求，探求他们的思想动机，对他们的行为进行预测，在行为发生之前，首先要做好思想工作。教育工作者要引导大学生自觉把握个体需求的尺度，紧密结合个人需求和社会需求，从客观实际出发，量力而行；教育大学生正确认识和处理好个人需要和集体需要的关系，始终把国家和人民的利益放在首位，在尽量满足大学生合理的物质需求的同时，教育大学生树立正确的人生观、世界观、价值观。自觉把坚持和发展中国特色社会主义事业统一到建设社会主义强国、实现中华民族伟大复兴的奋斗目标上来；教育大学生正确处理当前需要和长远需要的关系，切忌急功近利，失之于长远的利益，而不是计较眼前的利益。同时，也要善于从自己的行为结果中正确、辩证地看待困难，并从中汲取经验教训，为自己的人生道路继续前进而努力奋斗。

（二）教育内容选择根据学生身心发展特点

高校是一个成熟的过程，人们的性格在一定程度上存在着与同龄年轻人相似的地方，同时也存在着它的特殊性。心理学研究显示，个人的形成与发展受到诸多因素的限制。要培育大学生的健康个性，注重个性发展过程中各种因素的影响，并营造一个对个性健康发展的内外环境。

教育与心理发展的理论认为，教育教学活动必须要以学生身心发展的水平为基础，同时又要适当高于学生的心理发展水平。因此，在选择第二课堂教育内容时，我们不仅要注意教育内容对于受教育者来说，是容易接受的，经过自身的努力是可以实现的；但同时，也适当地增加教育内容的难度，经过师生的共同努力，可以促进大学生认知发展水平的提高。

二、第二课堂课程内容的特点

第二课堂内容的选取应根据课程目标，遵循学生的身心发展特征和规律，通过学习课程内容后，不仅可以掌握知识，还可以增强利用知识分析问题、解决问题的能力，从而推动学生的整体发展。

（一）内容的自主性

第二课堂活动，强调学生作为主体，老师为主导，使其主体的功能最大化，并在适当的范围内，既能推动自身的发展，也能推动别人的发展和社会的发展。因此，在课程内容的选择上，注重学生自身的发展，以利于社会的发展。此外，注重引导学生在确定活动目标任务的同时，要善于围绕活动的主体，有针对性地选择活动的具体内容，使学生的自主规划、自主管理能力不断提高。

（二）内容的教育性

社会是个大舞台，也是全方位的育人场所。作为当代大学生，要善于走出去，耳闻目睹，亲力亲为，触景生情，见识国家、家乡的发展，通过利用学习的专业知识参与社会治理，比起借助书本的宣讲，更有教育说服力。因此，教育者在设计第二课堂的课程内容时，可以从不同的角度进行分类考虑，比如家国情怀类、沟通交往协作类、个体发展类，设计爱国主义教育、革命传统教育、红色教育、传统文化教育、集体主义教育、爱的教育、合作意识与能力培养、理想信念教育、自我管理教育等活动。这些类别都不是孤立的，在丰富的第二课堂教育教学中要涉及多方面的教育类型，结合学生心理发展特点，提升课程内容的时效性，从而达到综合育人的效果。

（三）内容的实践性

第二课堂的学习环境强调真实的情境和场景。它不同于传统的第一课堂教学，也不同于实验室中控制条件下的机械操作，强调教师创造条件，让学生在现实的情境中学习，在真实的情境中实践。课程内容的学习过程就是学习经验的实践过程。第二课堂强调的是学生对各种活动的亲身体验。在“动手做”“探究”“创作”“反思”的过程中去体会，在全身心参与活动过程中提高发现问题、分析问题和解决问题的能力，课程内容的设计要切实让学生学会动手、动眼、动耳、动口、动脑参与到实践中。比如，以自然世界为教材，引导大学生亲近大自然，让学生深入社会、了解社会，了解各地的文化，在实践中，运用所学知识进行检验，丰富知识与体验，强调课程内容的实践性，弥补第一课堂教育教学方式的不足，提高学习效率。

（四）内容的体验性

学科课程的学习活动侧重于将学科知识传授给学生，在学科抽象思维的培养上倾向于学科应有的思维方式培养。而第二课堂的课程内容则具有突出的体验性特征。第二课堂的课程内容设计时要全面考虑以下几种体验：

生活体验。学校生活相对于社会生活、自然生活而言显得单一，第二课堂可以鼓励学生利用课余时间既接触美好的自然生活、获取自然体验，又参与复杂多变的社会生活增加社会体验。这对于学生来说，是一种提升能力的锻炼。

情感体验。在开展第二课堂教育教学的过程中，强调过程性体验，一些特殊的事情、印记会引起人的情绪反应和情感变化，这种反应和变化既包括喜、怒、哀、乐、惧等常见的情绪，也包括对人、事、景、物、家、国等的情感激荡。

意志体验。开展第二课堂教育教学，主要是以学生为主体开展的，更多的是让学生独立地开展活动，需要面对一些问题和挑战，人的意志在挑战面前会有一定程度的反应。通过对课程的学习，能够培养学生坚强的意志、冒险精神、受挫能力、挑战的勇气，这种体验往往更加令人印象深刻。

观念体验。每一位学生参加第二课堂教育教学活动，最终取得的观念体验感是不同的，这与学生的认知水平、投入程度、感知灵敏度等有关。在校内或校外开展活动中，会接触到更多的人、事、景、物，其中蕴含着各种人生观、世界观、价值观，让学生在参与各项第二课堂活动中树立正确的人生观、世界观、价值观。

（五）内容的整合性

高校第二课堂的课程内容组织，立足于学生可持续发展的要求，以促进学生综合素质发展为核心，均衡兼顾三方面内容：学生和自然的关系,学生和他人的关系,学生和自我的关系,选择长短期相结合的主题活动,促使活动内容由简单走向复杂,不断丰富活动内容,注重课程内容的深度、广度及表现形式与学生的发展特点相适应。体现个体、社会、自然的内在联系,加强科技、艺术、道德等方面的内在融合,是对活动主题的探索和体验。

第三节　高校第二课堂实践育人方式有效性的提升对策

实践育人是包含教学实践、科技实践、军事实践、劳动实践、社会实践等内容的系统工程,其中第二课堂可以在社团活动、学科竞赛等活动中让大学生树立正确的人生观,培养严谨求实的精神,将教学实践、科技实践、劳动实践有机结合起来,不断增强多方面的能力,如实践创新能力,团结协作能力,可持续发展能力,分析问题、解决问题能力等,进而有助于推动学生整体发展。第二课堂实践育人方式方法是高校第二课堂实践育人者为实现教育目标、传授教育内容在教育引导过程中所采用的方式方法,由特定时期第二课堂实践育人的目标、任务、内容决定,是实现教育目标、取得预期教育效果的决定性因素。第二课堂注重学生综合能力水平的提高,既是对第一课堂的有力补充,又以培养学生的思想品德、钻研精神、创新能力为育人目标,也是对高校立德树人教育目标的落实。第二课堂实践育人方式方法有效性一定程度上决定了第二课堂实践育人有效性。因而,提升第二课堂实践育人有效性必须提升第二课堂实践育人方式方法有效性。第二课堂实践育人的方式方法,无论从整体上,还是从各种具体的方式方法上,都有提高的余地。

根据心理学原理,提高教育手段的有效性。由于大学生个体的差异,在学生的性格、年龄、家庭背景、生活经历、所学专业等因素的差异,造成了个人心理特点的差异和个性的差异。作为连接大学教育者和大学生之间的重要桥梁,第二课堂实践育人方式方法的成效对于两者良好关系的建立起着至关重要的作用。高校教育工作者一方面根据特定社会要求的教育目标和教育内容,通过一定的方式和方法对大学生进行教育，使其思想行为发生变化，符合社会要求；而且，大学生还通过某种途径影响教育者，让教育者可以根据教育对象反馈的信息，随时对自己的教育途径和方式进行调整。大学生由于性格、所学专业及生活环境、家庭背景、父母教育等方面的不同，从而心理特征各异，性格差异较大，是一个多层次、有秩序的群体。这种性格上的差异主要表现在两个方面，一是智力因素，二是非智力因素。同时，对于每一个个体的大学生来说，他们的思想结构也是有层次的，他们的特点、规律也是不一样的。这就要求在第二课堂实践育人中，首先要充分考虑这种个性差异，并采用恰当的教育方式方法，保证第二课堂实践育人的有效性。

一、教育方式方法选用兼顾个体差异

由第二课堂实践育人的思想形成规律和人的思想形成规律决定的选择和运用有效的方法，需要具备很好的应变能力。这种应变能力体现在，第二课堂实践育人的方法选择应针对不同教育对象的具体情况进行方法的选择。

（一）教育方式方法选用兼顾智力差异

智力是人们对客观事物的稳定性作出了解的心理特征，它体现在客观事物的深刻、正确、完全的程度上，并运用知识来解决实际问题的速度和质量。大学生心理特征和个性特征各有特点。在表达方式上，主要表现为智力和非智力。个体的智力差异不仅体现在智力的特点，还表现在智力的性别表现和认知方式的差异等方面，因此，在智力的性别表现和认知方式上，个体之间的智力差异也是很重要的。因此，在第二课堂实践育人中，必须根据大学生的智力差异和认知差异特点组织设计整个第二课堂实践育人活动。在第二课堂实践育人活动中应组织多形式、多渠道的第二课堂实践育人活动供大学生选择和参与；在方法上，让智力和认知水平相近的学生自愿组成学习团体或小组，开展第二课堂实践育人活动。同时，在第二课堂实践育人中真正做到因材施教，提高第二课堂实践育人的有效性。

（二）教育方式方法选用兼顾非智力差异

最早的“非智力因素”概念是在20世纪30年代提出的，其参考的是“智力”的概念。善于培养大学生正确的学习动机、浓厚的学习兴趣和坚定的理想信念，要根据大学生非智力因素的差异和实际情况，在第二课堂实践育人方式方法的选择和运用上下功夫；积极引导大学生养成良好的情感、顽强的意志和坚韧不拔的精神品质，使大学生的人格品质不断优化，使大学生的心理资本不断得到发展。

（三）教育方式方法选用重视自我教育

第二课堂实践育人要重视学生的自我建构、主动参与，也就是自我教育。根据社会发展要求的需要，受教育者通过主动参与、主动建构，在教育过程中实现自我管理、自我监督、自我服务的主动吸收内化和实践外化，通过主动参与、主动建构、主动吸收，最终实现德、智、体、美、劳全面发展的目的。自我教育作为第二课堂实践育人的特殊形式，既是一种高效的学习方式，也是第二课堂实践育人的最佳状态。在第二课堂实践育人中，重视大学生自我建构，实施自我教育，有利于提升第二课堂实践育人有效性。因而，第二课堂实践育人是否有效，关键要看受教育者的态度是否得到有效改变。在第二课堂实践育人中自我建构、自我教育就是要促进大学生的认知、情感、行为的不断改变，以达到第二课堂实践育人的预期目标。

1. 大学生主动坚定理想信念

大学生需要不断树立共产主义远大理想和中国社会主义共同理想奋斗的信念和信心，认识和掌握人类社会发展的历史必然性，理解和把握中国特色社会主义的历史必然性；对照社会主义核心价值观，在实践中严格规范言行、砥砺品格，不断完善自身的发展，让道德品质在伟大的社会主义实践中得到升华。

2. 大学生主动提升道德境界

要学习先进人物和英雄模范的宝贵品质，做到不断自我锻炼、自我提高、自我完善。对中国特色和国际比较要有正确的认识，对当代中国要有全面客观的认识，对外部世界也要有全面客观的认识，正确理解时代责任和历史使命；正确认识志存高远、脚踏实地，并以实际行动落实志存高远，使勤奋学习成为青春飞扬的动力，使增长才干成为青春奋斗的干劲。

3. 大学生主动参与实践活动

尽管第二课堂实践育人强调学生主动的积极性参与、主动建构，即重视自我教育，但提升大学生进行第二课堂实践育人的积极性还必须提升第二课堂实践育人的感染力。2016 年 12 月 7 日—8 日，习近平总书记在全国宣传思想政治工作会议上，要求第二课堂实践育人要把握好时机、把握好度、把握好效，增强吸引力、感染力。第二课堂实践育人的传染性，是指在教育过程中，教育者动之以情，晓之以理，使受教育者在潜移默化中，对教育内容深信不疑，达到教育目的的同时，欣然接受教育方式。提高第二课堂实践育人教学的感染力，就是要坚持第二课堂实践育人中促进教师的主导作用与自我教育相结合，动之以情，晓之以理，以情感人，以理服人，不断提高第二课堂实践育人的吸引力、向心力和感召力。

（四）教育方式方法选用注重实践

社会实践是大学生“磨练意志、砥砺品格的重要方式”，是“汲取营养、补充学识的过程”。习近平总书记在《全国高校思想政治工作会议》中充分肯定了实践对大学生的重要作用。为此，第二课堂实践育人，要通过实践的方式，实现第二课堂学生的实践育人成效，高校就必须高度重视，大力加强社会实践。

1. 开展好教学实践活动

制定科学的评价细则和评估权重，在教学实践环节中不折不扣地贯彻落实，把大学生的教学实践环节纳入教学计划。同时，通过组织开展理论宣讲、学科竞赛、学术报告、成果汇报、文化展览、社会调研、“三下乡”暑期社会实践，以校赛为基础，注重各学科专业融合，鼓励学生冲击省赛、国赛，培养其追求卓越的精神，培养大学生学以致用、理论联系实际的实践思维。

2. 组织好道德实践活动

通过引导大学生积极主动参与暑期“三下乡”、志愿服务、勤工助学等社会实践活动，形成符合社会规范要求的道德行为，促进大学生在暑期“三下乡”活动中，为更好地履行道德义务、养成健康的道德习惯奠定基础，通过大学生积极参与道德实践活动，推动大学生形成爱国敬业、诚实友善的良好品格。

3. 践行好基层实践活动

大学生要积极参与到大学生村官、精准扶贫、西部计划、志愿者行动等工作中，深入社会基层，深入到祖国最需要的地方，细心感受国家脉搏的跳动，感受国家发展带来的力量。这有助于大学生不断拓宽视野，拓展思维，磨练意志，增长才干。

二、高校第二课堂教育教学形式的选择

高校第一课堂是学生学习专业知识和技能的主阵地，第二课堂作为第一课堂的延伸与补充，更承担了努力解决大学生的实际问题，为大学生成长成才创造条件的重要功能。所以，大学要充实大学生的课余生活，需要有组织科学、健康、有意义、丰富多彩的活动。让当代大学生不断增强内驱力，激发学生的独立性和创造性，成为一名全面发展的大学生，在丰富多彩的第二课堂活动中，树立正确的人生观和世界观。

(一)校园文化活动

校园文化活动是学生第二课堂活动的一项重要内容,对丰富学生的课余生活、锻炼和提高学生的综合能力、提升文学品位具有相当重要的作用。一般体现为两个方面,一是传统的学生品牌活动项目,二是学生艺术舞台。

传统的学生品牌活动,是以全心全意为同学服务的工作理念,把握时代发展和学生发展的需求,以创新多元化活动为载体,开展丰富多彩的项目。主要类型有:各类人文讲座、各类体育竞赛、大型文艺汇演、校园十大歌手比赛、宿舍文化艺术节等。

学生艺术舞台,是学校给学生在不同时间段提供公开表演和欣赏不同风格艺术表演的机会,不断提升学生的艺术素养。如每年的 1 月份举行新年音乐会;5 月、6 月份举行毕业生晚会;在 9 月、10 月份举办新生才艺大赛以及 各种“高雅艺术进校园”活动。

通过开展这些丰富多彩的校园文化活动,高校在注重学生人文、科技、艺术素养培养的同时,以第二课堂为载体,在传授专业知识和技能的同时,也能实现文化素养提升的效果。

(二)社会实践活动

“读万卷书,行万里路。”让学生以实践的方式认识社会、了解国情、增长才干、奉献社会、陶冶品格、增强社会责任感,是高校开展第二课堂教育的重要目的。利用学生的专业优势,让学生在参与社会实践活动中逐步体现自己的价值,让学生在深入了解社会、接触社会、增强社会责任感的同时,为他们提供开展社会服务的机会。大学在教学大纲中,不同程度地纳入了学校开展日常教育和总体规划中的社会实践活动。通过文件的形式,对参加社会实践活动方面规定要求需要完成的一定学时和学分,积极探索建立社会实践与专业学习相结合,与服务社会相结合,与勤工助学相结合,与择业就业相结合,与创新创业相结合的管理体制,不断丰富社会实践的内容和形式,使社会实践的质量和效果不断提高。

（三）科技创新活动

高校要善于利用基层院系的专业科研实践平台，鼓励院系开展富有特色的课外科技活动，要根据本专业的实际情况有针对性地开展科技活动。学生在教师的指导下，利用自己所学的科学文化知识，鼓励学生进行跨学科、跨专业、跨学院组队，学校对项目的宣传、申报、评审、资助、监督和服务等给予支持与帮助，通过实践的方式来锻炼和提高自己动手动脑的能力，在培养学生创新精神的同时，借助开展这样的活动来普及科技文化。科技创新类活动的开展，在课堂上强调学生的自觉参与，可以很好地促进学生理论知识的巩固、动手能力的锻炼、就业创业基础的夯实。

（四）社团活动

学生社团是在校党委的领导和校团委的指导下，在学生自愿的基础上，由学生自发组织成立的、按章程自主开展活动的群众性学生团体，是学生根据成长成才的需要、基于共同的兴趣爱好而组织起来的，学生社团是落实立德树人根本任务、推进素质教育的重要载体。分为思想政治类、科技创新类、志愿公益类、文化艺术类、体育类、素质拓展类等多个类别，其中，思想政治类、科技创新类社团活动能打破专业、年级等界限，将一些兴趣爱好相近的同学集中起来，定期举行丰富多彩的主题活动。对学生的身心健康有很大的好处。社团活动有助于促进学生综合素质的提高和成长成才，培养学生的社会责任感、创新精神和实践能力。

第四节　高校第二课堂实践育人过程有效性的提升对策

根据态度的结构理论，实现大学生认知目标、情感目标、动作技能目标的有机统一，使大学生在第二课堂的实践育人过程中获得愉悦，追求快乐，全面发展自我潜能。根据态度形成阶段的理论，坚定大学生在伟大的社会主义实践中不断实现知觉、定势、适应、创新，在实现中国梦和民族伟大复兴的洪流中不断进行自我内化。从态度的转变来看，培养大学生对社会要求良好的认知和动手能力，产生符合社会要求的行为效果，形成独立自主、积极向上的良好行为习惯，是第二课堂实践育人作为塑造人的过程的实质。

同时，从另一个角度来考察，第二课堂实践育人就是通过第二课堂中各种活动来培养学生的独立自主解决问题的能力，并形成合乎社会要求行为的思维习惯和实践理论。首先，第二课堂实践育人过程的主体和客体具有特殊的指向性，其主体集中表现为高校第二课堂实践育人者，客体即为大学生；其次，实践育人的第二课堂，是一个目的性很强的活动过程。它是第二课堂实践育人目标组织的教育活动运行和发展过程，是高校教育工作者根据一定的社会要求和大学生的发展需要，结合自己的思想实际而制定的；再次，实践育人的第二课堂，是大学和大学生共同参与、互动的第二课堂实践育人过程；最后，第二课堂实践育人过程，从多学科的角度审视，不仅是说服态度转变的过程，也是一个传递信息，接受信息，储存信息，整合信息，反馈信息的过程。

第二课堂实践育人要素体系理论也表明，合理定位教育目标，合理布局教育内容，科学设计教育组织，灵活适切教育方式方法，科学评估教育者素质能力，科学评估教育效果，构成第二课堂实践育人成效的核心要素体系。要提升第二课堂实践育人有效性，应根据第二课堂实践育人结果有效性的现状，发挥教育者的主导作用，遵循第二课堂实践育人过程规律，重视师生合作，强化大学生内化，不断提高教育过程有效性。

一、教育过程尊重引导作用

第二课堂实践育人中育人者不仅是社会实践活动的组织者、学生参与活动的介绍者，而且是学生学习第二课堂知识的讲授者、示范者，其角色定位决定了在第二课堂实践育人中必须发挥其引导作用。第二课堂的实践育人过程，只有这样才能保证有效，那么它的导向作用怎么发挥的呢？

（一）满足第二课堂实践育人者的需求

调动他们的积极性，让他们发挥带头作用，前提是第二课堂的实践工作者要满足需求。所以，实践育人者的第二课堂的心理需求是必须满足的。高校在重视第二课堂实践育人的同时，一定要把教育和发展第二课堂实践育人作为自己教育工作的最终目的，其中包括“育人、导人、励人、策人、敬人、明人、育人、助人”。第二课堂活动要提供有效的学习方式和丰富有趣的活动内容，以学生的学习兴趣为切入点。这有利于开阔学生的视野，丰富学生的知识储备，也有利于调动他们参加第二课堂学习的积极性。在高校第二课堂教育教学工作中，要重视教师的个人发展，要及时了解个人成长所需要提供的帮助，还要了解教师的心理需求，为教师创造更多有利于专业发展的平台和条件，把教育者的快乐、自由、尊严和心理需求紧密联系起来，使教师真正成为实践育人的第二课堂的主导力量，才能强化高校教育者的主导作用。所以，首先必须真正全面地了解教师的需要，什么是主要需求，什么是次要需求，什么是已经满足的需要，什么是迫切需要满足的需要。其次，对高校教师需求的差异性、多元性要有充分的了解。由于大学教师的特长不同于特色，因此在需求层次和特色上也会存在明显差异。对于教育者的专业背景、教学特长、职称等方面都需要了解，此外还要善于激发教育者的工作积极性，有针对性地开展工作，提高高校教师教育发展的针对性和实效性。

（二）第二课堂实践育人者提高素质

第二课堂实践育人者提高素质是他们更好发挥主导作用的重要条件。在实践育人的第二课堂中，教师要有坚定的育人思想，这样才能言传身教，才能使学生在教学中受到感染和感悟。第二课堂的实践者要时刻保持家国情怀，把时代发展和社会进步的最新理论成果带进课堂，提高第二课堂实践育人内容的科学性和育人性。引导学生树立正确的理想信念、学会正确的思维方法、丰富教育者教学知识、提高教学与反思能力，不断创新第二课堂教学。教师树立终身学习的理念，在课堂教学中通过生动、深入、具体的纵横对比，不断拓宽知识视野、国际视野、历史视野,不断提高学生的实践认知,培养学生良好的实践情感,锤炼坚忍不拔的实践意志,产生富有正能量的实践行为,自主学习和培训进修,使教师在课堂教学中理清思路,自觉弘扬主旋律,主动传递正能量,自我约束能力和涵养能力不断提高;以高尚的人格感染学生,以真理的力量感召学生,在日常交往中赢得学生的尊敬和爱戴,自觉做学生喜闻乐见的人。

(三)第二课堂实践育人者扮演好角色

总体来说,第二课堂实践育人者的角色定位是第二课堂实践育人过程的引导者,这是其与第二课堂实践育人系统中其他要素的互动决定的。但是,在人格上,大学生和教育者是平等的,这是不容忽视的。师生在日常的教育教学过程中平等地进行对话,互相交流,互相沟通,形成一种良性互动。他们会在这样的互动对话中加工、过滤、吸收、反馈、回应教育内容,而这样的对话会促使他们重新选择、解读、内化教育内容。因此,顺利实施第二课堂实践育人的前提条件是把握和传授教育内容,尊重和认同大学生的人格,分析其学习动机和接受规律。决定了它的导向作用。

教育内容是联系教育者和高校学生之间的纽带或桥梁。第二课堂实践育人的过程,其实质是其履行主体责任的过程,是在课堂上把思想政治理论传授给学生的过程。知即记于心,是知教育内容,如果教育者对教育内容不了解,教育过程中很难保证知识传授的准确度,也很难保证课堂教学的有效性。真懂就是对教育内容有全面深入的了解,并且能够熟练运用,在课堂上触类旁通,旁征博引,提升亲和力,增强教育过程中的亲近感。最大限度地发挥大学生在单位有限时间内获得的知识和智慧,正确选择和恰当运用教育载体,体现教育者的导向作用。教育者的能动作用和主导内化,必须通过教育载体作用的发挥来实现。教育者通过在具体情境中不断开拓创新,不断创新课堂教学模式,通过赋予其新的活力,丰富课外实践内容,完善课程体系。

二、教育过程注重学生内化

在与外化的互动关系中,体现了第二课堂实践育人内化的价值,大学生的成长成为他们的内在需求，也体现在大学培养时代新人的工作中。态度形成三个阶段的理论表明，一个人的态度并非一朝一夕之功，而是由服从、认同和内化三个时期组成。在态度心理学的视域下，第二课堂实践育人的过程，是改变被教育者陈旧的观念、错误的态度，形成新的观念和正确的态度过程，而"内化"则是"外化"的关键，它在实践育人的第二课堂中处于基础性的地位。为了使大学生的行为外化，可以采取以下策略。

（一）构建大学生内化的图式前提

人的认识活动发展为对事物结构的认知，并在一定的阶段顺序上形成新的认识结构，这种认识活动的发展是对事物结构的认识和认识的发展。这种新的认知结构即为认知图式。第二课堂实践育人内化的前提就是具有良好的认知图式，所以帮助大学生建构良好的认知图式，并对其不好的认知图式进行调整和改造，进而推动大学生认知图式能够良性发展，是第二课堂实践育人的重要任务之一。为此，我们首先要在认知的不同阶段对内容信息进行综合研究，全面研究大学生的认知过程，关注大学生的认知发展，对第二课堂实践育人的内容信息进行合理布局。第二，培养学生的认知图式，要优化第二课堂的实践。认知图式有好有坏之分，有些有利于快速及时解决问题的系统性好、层次分明的认知图式；但是也存在一些认知图式的层次混乱，是不利于问题解决的。在第二课堂实践育人中，应利用认知图式的同化功能，将第二课堂实践育人信息传递给与大学生较好的认知图式相吻合的学生，促使大学生对原有的不良认知图式进行更新，形成新的认知图式。此外，对于较好的认知图式，必要时还应利用认知图式的顺应功能进行进一步强化。

（二）关注大学生内化的实际需求

大学生的心理需要是第二课堂实践育人的着力点或出发点。因而，促进内化必须重视和满足大学生在实践育人第二课堂中的需求，而需求也是内化的先决条件之一。教育者切实增强学习热情和学习动力，在落实第二课堂活动内容、制定活动机制的过程中，真正做到课程育人，以德立人，满足学生的实际需要。首先，在信息沟通平等原则的基础上，在满足个体价值和社会价值有机统一的需要上，培育需要的氛围。一方面，大学生需要意识的觉醒，需要社会规范和约束；另一方面，要消除教育者与大学生在实践育人第二课堂中的对立和差异，使两者达到最高形态的统一；再一方面要优化教育过程的方式，加强对大学生个体价值诉求和社会需求的引导，提高第二课堂实践育人的针对性。其次，激发需求动力。在实践育人的第二课堂中，教育者要促使大学生产生并形成内化的内在动力，其所传递的思想观念、政治观点、道德规范等，都要通过有效的外部刺激来实现。再次，规范需要的方向，对符合合理需求、遏制非理性需求的大学生，要引导其正当需求。

（三）实现大学生内化的多维融合

在第二课堂实践育人中，要求大学生在提高思想素质和认识水平的同时，既要把思想观念、政治观点和社会要求的道德规范内化为自身稳定的思想意识体系，又要熟悉和掌握协调发展和提高能力素质的科学的社会性知识和技能。因此，开展第二课堂教育教学的教育者，必须树立正确的内化理念、选择科学的内化内容、采用适切的内化方法，实现大学生内化的多维融合。

三、教育过程重视师生合作

霍夫兰德态度改变说服模型表明，按照“塑人”的要求，通过大学生的自我内化，最终外化为行为的过程，向大学生传递符合社会要求的态度和行为规范等信息，是第二课堂实践育人过程也是态度改变过程的核心。在此过程中，教育者通过一系列具体措施，有计划、有目标地介入大学生的受教育过程。这个过程是互动的、合作的、互相发展的，体现为主导和主体的师生关系，体现为民主和平等，体现为尊重和友好，最终达到师生同享，师生共赢，师生共发展。

（一）构建和谐师生关系

教育教学中需要建立和谐友爱的关系，师生之间需要建立良性互动与合作的关系。对老师来说，要不断地完善自己的修养，要把知识夯实，不断学习，使自己的水平不断提高；紧扣学生脉搏，引领时代潮流，在提高教学能力上下功夫；自觉做到崇德修身，融于爱的教育之中，融于师德师风的提升之中。对大学生而言，从长远考虑，需要确立理想目标为之努力奋斗，从近期目标来看，需要端正学习动机，明确学习目标，坚持不懈地努力；在服务社会中实现个人价值和社会价值，理论与实践相结合，知行合一。此外，教师与学生还需要建立平等、信任、互相尊重的关系，双方都加强相互沟通与交流，以达到教学相长。

（二）提高教师共情能力

教师共情是指教师能站在学生的立场上，了解学生的所思所感，使学生在教师与学生沟通互动的过程中，产生一种被理解、被尊重的感觉。将共情运用到第二课堂实践育人中，教师的共情表现为包含对学生认知的理解和对情感的感受两个方面的能力，表达对学生看法的关心和选择。适当地运用共情，可以加强师生交流，拉近师生距离，消除交流隔阂，使师生之间形成良好的交流互动关系，使践行育人之道在第二课堂更加牢固地发挥作用，这有助于教学方法得到及时调整和完善，从而促进大学生健康成长。

（三）实现师生共同发展

第二课堂实践育人中，教师要将大学生作为与自身平等的生命个人进行关注，注重每个大学生的情绪和生命体验。大学生不仅认识到自身的生活主体、生命体验和情绪需要，还认识到教师与其他大学生的生命存在，尊重教师的主导地位，关心其他同学，将接受第二课堂实践育人的过程视为与教师及其他同学分享生命体验和情绪需求的过程。让学生体验到开展教育教学活动过程中所承担的角色重要性，以及如何与团队成员和平相处，坚持第二课堂的平等、友善、合作、创新的原则。通过第二课堂师生共同集中力量互动与协作解决问题，有利于实现教师与学生、学生与学生之间相互促进、相互提高、共同发展的教育目标。

第五节　高校第二课堂教育环境有效性的提升对策

高校第二课堂实践育人主要通过组织大学生参与活动的形式对学生进行教育,教育环境对其育人有效性有直接影响。高校第二课堂实践育人的环境因素,极大地影响第二课堂实践育人的教育效果或有效性。

根据研究和文献分析,高校第二课堂实践育人的当前教育环境只是比较有效,还有很大的提升空间。同时,回归分析显示,高校第二课堂教育环境有效性对大学生教育总体有效性影响显著,这说明,提升高校第二课堂教育有效性必须提升第二课堂实践育人教育环境有效性。其中具体的环境作为第二课堂实践育人教育工作的"场",既包含影响大学生心理品德形成的个人认知、个人情感、个人意志和个人个性心理等个体心理环境,又包含了影响个体所处的特定群体,如家庭、学校、班级、宿舍、人际交往群体心理环境等。这些群体特有的行为习惯、价值观、态度等无一不对第二课堂实践育人有效性产生积极促进作用或消极阻碍效应。因此,必须着力构建第二课堂实践育人的教育环境。

一、营造第二课堂教育的心理环境

高校第二课堂实践育人教育是在一定环境中进行的,心理环境构建的重要性不低于物理环境的建设,受教育者作为实践的主体,其健康的、积极的心理环境是决定受教育者参与实践育人活动的意愿和程度,因此,必须着力构建第二课堂实践育人的心理环境。

(一)营造高校第二课堂实践育人的平等心理环境

平等民主性是高校第二课堂实践育人有效性的特征之一,在开展实践育人活动的过程中,受教育者并非处于被动地位的,并非让受教育者完全被动参与活动，而是要营造平等的心理环境，让学生乐于参与其中，并在实践育人活动中受到正向的、积极的引导，这才是高校第二课堂开设的目的。

（二）营造高校第二课堂实践育人的朋辈心理环境

朋辈心理环境是指在大学学生与朋友、同学的交往过程中，在大学第二课堂实践育人教育的基础上形成的心理氛围。大学生群体年龄相近，价值观念相似，学习经历共同，生活方式相似，兴趣爱好有共同之处等特点，使得大学生在相互交往的过程中，更容易产生相互信任、相互影响、相互作用的倾向。朋辈心理环境尤其要关注高校第二课堂实践育人中的人情关系、寝室心理、社团心理。人际关系是一种心理关系或情感关系，是大学生在共同生活的基础上，通过不同的交往形式而形成的。和谐友爱的人际关系能促使大学生产生安全感，使同学间的信任感不断增加，自信心不断提高。形成稳定的心理状态，提高社交能力，促进心理健康，形成良好的品德，通过良好的人际互动，满足大学生追求友谊、爱情的需求。宿舍既是思想碰撞升华的场所，也是各种矛盾多发的场所，是大学生学习和生活的主要场所。通过宿舍这个阵地，同学之间基于相互信任的基础上，无所顾忌地进行日常生活的交流，从而使不同学生的思想在同学之间相互碰撞，但是学生的思想存在不够成熟的表现，有时也常常会使实践育人的高校第二课堂的效果受到削弱。因此，深入寝室，加强正面舆论引导，形成舆论团体的强大凝聚力，促进寝室心理环境的形成，就是高校第二课堂育人教育实践活动的开展；同时，组织学生自我管理，充分调动学生的积极性，养成良好的行为习惯与道德品行，充分发挥在校大学生的自我管理能力。认真抓好学生党团组织建设工作，在思想碰撞中产生共鸣、感染和渗透，因为党团组织成员的爱好、兴趣相近，更容易沟通和交流。因此，高校要传播科学的、先进的文化，不断丰富同学们的课余生活，建立和谐的人际关系，就必须重视党团组织的建设。

二、净化第二课堂教育的网络环境

互联网文化在丰富大学生课堂生活的同时，也影响着他们的生活，如导致阅读碎片化、网络成瘾等,互联网文化的影响也越来越大。更不能忽视的是,这种行为严重影响了中国网络文化空间的纯净,影响了大学生文化自信的树立,比如个人主义、拜金主义、享乐主义等,西方通过网络向中国渗透了腐朽思想。同时,网络的商业化娱乐化,一定程度上会对大学生的价值观起到推波助澜的作用,因此,全面净化网上的心理环境是必然的。

首先,要完善法规制度,健全网络管理。如加强网络和ICP站点的统一管理,通过制定专门的法律文书;加强与国际组织的交流与合作,共同缔结网络文化管理机构,为加强管理制定相关政策。

其次,加强网上正面宣传,建设主流文化教育网站。如积极宣传科学的新理论,使健康向上的理论宣传成为主流。

再次,网络行为监管制度建设势在必行。网络行为技术监管制度应大力发展,各高校应抽调专业技术人员,对互联网不良信息进行有效调用,应用计算机监控、软件隔离等技术,对互联网不良内容进行限制,并加大对高校学生上网行为的检查力度。

最后,要建好学校信息网站,对网站进行精心设计。为学生提供所需的信息,以学生的兴趣爱好为目标;设置学生喜闻乐见的节目,以高雅的文化、寓教于乐的优秀内容,用声、光、色、画等多种现代化的方式,促进学生健康成长,让学生远离不健康的信息。

三、利用高校第二课堂实践育人的群体心理效应

在第二课堂实践育人中,受教育者,即大学生群体,是以群体的方式存在,而非孤立存在的个体,是具有社会属性的,需要与教育者和其他受教育者之间形成社会联系,建立人际交往关系。因此,在研究和探索高校第二课堂实践育人教育的心理环境的同时,还必须准确把握和运用高校第二课堂实践育人教育中的群体心理效应。

(一)利用高校第二课堂实践育人的他人在场效应

F·H·奥尔波特曾经在做实验时发现:人在工作时,由他人在场的效果会比单独个人空间下完成工作的效果好,也就是所谓的社会助长作用和社会干扰作用,也称“他人在场效应”。他人在场效应有正向作用

也有反向作用，本质上该效应就是由其他人在场对个体形成一种社会刺激，这种刺激可能唤起个体的竞争意识和被赏识的意识，即正向作用，令个人的活动效率提高。

当然，他人在场对个人行为活动的促进作用，与工作性质有关，在一定程度上起到了抑制作用。大学生在第二课堂实践育人中，在一定的群体环境中，教育组织者应充分考虑他人在场效应，选择恰当的工作方法、善于发挥鼓励作用，最大限度地激发受教育者积极参与活动、发挥他们自我成长的主观能动性，提高第二课堂实践育人的最大实效。

（二）利用高校第二课堂实践育人的社会标准化效应

美国心理学家谢里夫（M. Serif）在进行人的行为效果试验时，提出了人们在对外界事物的共同认识和判断发生的彼此接近、趋向一致的类似现象会导致模式化、固定化。即个体在受群体压力时，个体将会不自主地在认识、判断与行为上表现出趋于一致的现象。弗利德曼认为，对他人的信任和偏离的恐惧是人们社会标准化倾向的根本原因。因此，教育者在第二课堂实践育人中要善于潜移默化地将大学生由被动参与向主动参与转化，借助这种社会标准化倾向，引导大学生转变观念，让大学生不仅积极主动地参加第二课堂教育教学活动，还能自己将其内化为自我意识再外化为外在行为。在实现第二课堂实践育人教育的过程中，要充分利用社会标准化倾向，将班集体、社团等群体的压力转变为实现自我、成就自我的不竭动力，最大化实现思想政治的预期目标，从而提高第二课堂实践育人的有效性。

（三）利用高校第二课堂实践育人的凝聚力效应

群体凝聚力是指团体对其成员的吸引程度，有助于团队成员对团体产生满意度，促使成员与成员之间互相接纳、互相欣赏。群体凝聚力会促使团体成员之间相互配合，提高工作业绩，从而为团体创造一个良好的工作环境和工作氛围。

但与此同时，受群体思维的影响，过于凝聚的群体往往会出现群体极化现象，对最初的决策产生支持，这种极化现象往往会导致群体极化。所以，这就直接导致群体的极端决策更容易发生，从而影响群体的正确选择，以从众行为表现为个体行为取向。因此，在大学时代的第二课堂实践育人教育中，不仅要提高班级集体、大学生社团等大学生群体的相互吸引力，使大学生在潜移默化中受到良好的感染和感化，更重要的是，在实践育人教育中，在培养学生的同时，也要在实践育人教育中避免群体极化从众现象，让大学生在群体互动合作中促进自我更大的发展，实现人生的自我价值，从而在班级积极健康向上的心理环境中，形成一种充满正能量的班级组织氛围，从而增强竞争意识和合作意识。

四、利用高校第二课堂实践育人的社会惰化效应

社会惰化效应是指群体一起完成同一项任务时，个人所付出的努力比单独完成时偏少的现象。即群体中的成员为了怕同伴偷了懒而减少自己的付出，以免个人付出过多而遭受损失；同时，个别成员为了减少内心产生的心理压力，他们进行有效的隐蔽，这是因为群体中其他成员的存在。因此，在高校第二课堂的实践育人中，为了激发他们的行为动机和竞争意识，尽可能地对个别大学生进行个别辅导，以激发他们提高思想品德的社会惰化效应；在扎实地学习学科知识，提高实际操作能力，提高理论运用到实践的能力，促进自身德、智、体、美、劳全面发展的同时，加强大学生之间的交流与沟通，让每一位大学生都坚信别的同学也和自己一样。同时，培养大学生的团队合作精神，鼓励大学生为所在的班集体或社团组织的发展贡献自己的力量，使其在班集体、社团等群体中拥有归属感。

五、创设第二课堂教育的实践环境

马克思主义理论指出，实践是认识世界的方法，也是人的本质特征。学生的第二课堂行为纷繁复杂，提供了研究行为这一复杂现象的基础和数据，也符合当今社会对论证科学化、数据化、显性化思维方式的要求和期望，是信息技术高度发达的今天提供的思路和分析方法。然后在心理学、教育学和社会学研究的常用思路和方法领域，引入第二课堂实践育人教育学研究。当然，在数据为王的今天，人们对教育研究的新制度主义和绩效主义倾向，使哲学和社会学界更多地批判以数据研究和归纳

研究为方法的因果关系推导和评价体系,汲取这些批判研究的精华,注重以行为物理研究方法为基础的理论论证和实验严谨,建立符合逻辑理论的数学模型和关系,哲学和社会学界对以数据研究和归纳研究为体现实践育人研究第二课堂的本色,使实践育人教育评价研究在第二课堂中成为有益的补充和支持。

第六节 高校第二课堂教育评价有效性的提升对策

高校第二课堂教育评价是第二课堂教育体系建设的一个重要环节,是按照“大课程观”课程体系构建的基本框架。第二课堂课程评价的主要考核内容是大学第二课堂课程实施的效果。“第二课堂成绩单”制度是中共中央、国务院在《中长期青年发展规划(2016—2025年)》中明确要求实施的,旨在充分发挥第二课堂对青年人才培养的独特作用,帮助学生开阔视野,了解社会,同时通过这一制度的实施提升综合素质。“第二课堂成绩单”契合了新时代教育评价改革和强化综合素质的需求,毋庸置疑,在这种形势下,要全面推行“第二课堂成绩单”制度,并取得预期效果,就必须试图构建高校第二课堂教育评价基本架构以及评价策略,以实现第二课堂教育教学的目的。

一、高校第二课堂教育教学评价的基本框架

(一)高校第二课堂教育教学评价的理念

现在的大学学生评价,由于长期受到“分数至上”这一传统评价方式的负面影响,对学生学习成长过程的重视与评价被忽视了。现在的社会对优秀人才的需求是多元化的,需要高水平的杰出人才,所以大学要根据不同的人的不同特点来评估不同的个体。虽然通过考试的方式选出适合自己的人,但大学生考核的目的不能仅是为了甄别,为了取舍,为了排名,而应该追求的是让大学生通过考核全面了解自己,不断克服

不足,不断取得新的进步。因此,高校学生估分过于偏重总结估分的现状,有必要做出修正,使高校第二课堂教育评价在注重学生评价结果的同时,对学生成长发展的日常表现给予更多关注,对形成性评价的作用和价值给予更完善的评价和教育功能的发挥引导。重视学生评价的同时,还要注意学生测评的反馈和教育功能。通过评价,促使被测评对象及时反馈,然后针对测评的具体结果,对下一步的努力方向进行及时改进和调整。引导学生积极参与活动,通过对第二课堂的评价,有利于大学生发现个性闪光点,挖掘优势潜能,克服不足,增强个人竞争力,促进各学院和学生的全面发展。通过评价的开展,使每一位学生在每一项活动中,都能充分发挥自己的优势,克服不足,增强个人竞争力。

高校对第二课堂教育教学要树立正确的评价思想,以发展性评价的思想来评价学生。而不是简单地以终结性的结果来评价学生,要让每个学生都达到综合发展、个性发展的最终目的。在评价过程中,既要了解学生目前的学习状况,又要挖掘隐藏在学生身上的优势潜能,激发学生参加评优活动的积极性,充分尊重学生的主体地位。打破传统评价学生在一定程度上束缚学生发展的两难局面。个性化测评优势发挥到极致,根据学生参加第二课堂活动的日常表现,激发学生的主体意识。在注重个性培养、形成个人特长和优势能力、不断追求更大进步的同时,以评价发展为理念充分体现,引导学生追求自身全面发展的积极性和主动性。各高校要坚持以促进学生全面发展、个性发展为根本目标,在评价理念的科学正确引导下,结合各个学校的实际培养目标、学生的发展需求、学生的兴趣特点,对高校第二课堂活动进行设计、组织和实施评价,引导学生积极参与到活动中来,促进学生对参与过程的重视和对自身发展的重视。同时,要善于利用信息平台,利用大数据技术,对学生的评价信息进行科学分析,建立学生参加第二课堂的信息记录系统,对学生个性化的特点或具有代表性的成长信息进行记录,尽可能全面地收集、记录,以达到自我反思、增强自我评价能力的目的,积极推动学生参与评价过程。通过对学生参加第二课堂的评价,进而促进自我教育能力的提高,有利于锻炼学生的个人综合能力,有利于培养良好的人格品质,从而使学生在参加测评活动过程中不断进步。

(二)高校第二课堂教育教学评价的主体

对高校第二课堂教育教学的评价应坚持多元主体评价原则,使各评价主体对参与第二课堂的每一位学生实际情况进行全方位的收集和了解,从而使评价更全面、更客观、更及时地反馈信息并提出完善的意见,达到满足学生的发展需要。高校对学生综合素质的评定,也要求鼓励学生积极投身评价活动中,对被评对象发挥更大的作用。当代教育重在学生主体的发挥,充分尊重学生作为独立的个体所享有的权利。高校第二课堂教育教学评价主张构建多元评价小组,由多个评价主体组合开展评价工作,由学生主体本人、指导教师、辅导员、校外指导老师等组成评价团队,从多个角度对评价对象进行综合评价。从一定程度上保证了评价结果更真实、更有效,帮助评价者从更多角度对学生进行全面、客观的评价。

不同的评价主体在高校第二课堂评价活动开展过程中所承担的责任也不尽相同,因为高校学生评价中各个评价主体对学生表现的关注各有侧重,所起的作用也不一样。大学生自评,首先重在让学生了解自己的一些情况,对自己的情况进行客观评价,对自己的行为进行有效的反省,为自己谋发展之道。高校提高学生的自评能力,从自身实际出发,对学生的自我评价能力有一定帮助,更加清楚自己的长处和不足之处,确定适合自己的发展目标,从而形成正确的自我认知。其次,开展高校学生参加第二课堂教育教学活动评价工作的主要群体之一,就是由辅导员组织,由普通学生代表和班干部代表组成的班级评议组,由学生民主选举产生。不管学生在第一课堂的表现如何,班级评议组对学生的情况都比较了解。不同的学生通过积极民主的讨论交流,客观全面地反映被评议者的相关信息,以不同的角度做出客观、公正的综合评价,还可以优化评估体系。再次,对第二课堂的评优活动,指导教师代表也要积极参与,因为指导教师需在开课前将整个评价程序、评判的标准、评价的方法等指导思想介绍给学生,注重学生参与第二课堂的过程,发挥过程性评价的优势,激发学生的积极性,引导学生的特长成长。最后,大学的第二课堂活动并不局限于校园内开展,大学鼓励教师开展丰富多彩、形式多样的第二课堂活动,以社会所需人才的标准对学生进行一定程度的评价,结合学生的实际情况、社会需求和用人单位的需要,以提高培养质量。另外,建设第二课堂评价信息平台,也能让评价主体以及内容的多样性更丰富一些。不同的评价主体参与,可以让大学生对自己有多个角度的认识,从而使测评结果更加全面科学,让德智体美劳在大学生群体中不断得到全面提升。

(三)高校第二课堂教育教学评价的内容

高校应以科学性、全面性、适当性、稳定性等特点来评价第二课堂的活动。在评估标准上,对第二课堂教育教学的评价应具有科学性和全面性。我国传统评价学生"分数至上"的弊端,可以通过实施高校第二课堂教育教学评价来有效改变。每一位大学生都是一个独特的、独立的个体,高校第二课堂的评价包含了德、智、体、美、劳等诸多方面的评价内容,对所有学生进行学术能力评价,从多方面考虑,更能满足学生素质发展的需求;同时,每个学生的个性特长都与别人有所不同。高校第二课堂的评价是通过第一课堂与第二课堂相结合的形式,注重将更全面的学生评价内容共同呈现出来,为满足大学生个性发展的需要,给学生的个性特长留出充分的施展空间。允许和鼓励学生拓展自身的成长空间,使每个学生都能不断地进步和发展,并根据自己的特点发掘自己的潜力。有效实施对高校学生的第二课堂评价,可以引导教师和学生更加全面地关注评价内容,鼓励学生在全面发展的基础上寻求个性特征的彰显,实现大学培养出来的、能够应对时代挑战的、符合社会发展要求的大学生。

具体而言,高校第二课堂的评价内容,是指在满足高校本、专科学生基本素质和基本能力锻炼的同时,共同呈现"五项教育评价维度",这种教育评价体系能不断激发学生的潜能优势,达到全面发展、促进个性发展的目的。其中,"五项教育评价维度"是指各校要制定具体的评价指标框架体系,依据国家政策要求、学校特色和学生身心发展规律进行评价。同时,在评价内容上,应结合学生的实际情况和特点,第二课堂评估内容的选择及制定的标准,需要考虑不同专业、不同层次的情况来确定。如低年级以参加丰富多彩的活动为主,高年级则更注重综合能力的培养和专业学习,因而在评价内容和比重上要有所区别,使评估更加有的放矢,为满足不同年级学生的发展需要,有目的地引导学生进行锻炼学习。但也应注意,为保证培养的毕业生符合社会要求,应根据社会发展要求和学生需求，更新补充高校第二课堂评价标准。德育、智育、体育、美育多以课程形式呈现，可通过对学生第一课堂的学习过程和结果进行评价，而第二课堂的活动开展则辅以学生参与的方式进行评价；积极发挥第二课堂的优势，创设合理的活动，锻炼学生的动手能力。比如，学生真正“动起来”，是因为劳动教育的需要，劳动技术活动更注重学生具体表现，因此劳动教育将主要通过学生在第二课堂的综合表现来评定。同时，第二课堂除第一课堂教学外，还包括智育、体育、美育等方面的活动内容。因此，不管是第二课堂的“课外活动”，还是第一课堂的“课内学习”，二者互为补充，融会贯通。使学生在参加第二课堂不同类型、不同形式的活动中，获得不同能力的锻炼，既能学习专业知识，又能在第一课堂中学习基本技能，使学生在第二课堂中丰富自己，获得不同的锻炼。高校对学生参加第二课堂教育教学的评价内容，将通过第一课堂与第二课堂相结合的方式呈现出来，使之与现行高校推行的第二课堂成绩单体系接轨，使其在形成个人优势特长的基础上，在全面发展的基础上，有效促进大学生综合素质的发展。

（四）高校第二课堂教育教学评价的方法

1. 全面性评价与个性化评价相结合

对高校学生在第二课堂活动中的个性化表现，要强调对高校第二课堂评价的重视，要尊重学生的自主性、唯一性和差异性，擅长从学生的特长优势等方面不断挖掘，从学生参与活动的角度进行评价。引导学生更广泛地涉猎其他专业的知识，不断提高多学科交叉学习的能力，以专业知识学习为基础，适应社会发展对人才的需求，增强综合能力，为应对各种挑战做好充分准备，以便更好地适应社会，更有能力进行多方面学习。同时，当代大学生的个性化差异越来越明显，在尽可能引导学生在全面发展的基础上彰显个性，不断发挥个人的特长优势，形成个人特色的同时，也不能继续沿用传统大学生评价的单一标准来衡量所有学生。总而言之，第二课堂评价应该是两种评价形式，即全面性评价和个性化评价，应该是学生多角度、全方位的全面性评价。我国高校第二课堂评价应该是学生评价的两种评价形式，既有综合性的评价，也有个性化的评价,多角度地发现学生成长的可能性,促使学生在优势领域形成个人特长,是一种既能反映学生综合发展状况,又能反映学生个性特点的评价。

2. 自我评价与他人评价相结合

高校第二课堂评价在自我评价、他人评价等方面也应给予同等重视。在评价活动中更多地发挥学生的自我评价作用,从而在日常的评价活动中,帮助学生正确认识自我,自我反省,自我教育,通过努力不断实现学生的个性发展和全面发展,促进学生的自我成长,这是高校第二课堂评价的一个突出特点,也是学校第二课堂评价工作的一大特点。大学阶段更注重培养和锻炼学生的自我教育和反思能力,第二课堂活动评价的每一个环节,对于大学生来说都是一次表现与锻炼的机会。大学学生通过同学间的互评、老师的评价等,从别人的眼睛里认识自己,是具有主观能动性的个体。而自评则锻炼了大学生的自我反思能力,大学生通过横向的自我比较,发现了个人的缺点和不足;在生活和学习中加强个人纵向比较,发现自己的进步和不足,对学生正确认识自己有很大的帮助。树立正确的评价观点,通过自评,使自己对自己有更多的了解,然后从不同的评价主体中不断地求得进步。从与别人的差距中求进步,从与目标的距离中求进步,从而获得对个人优缺点进行更全面分析的信息。同时,不以单一教师(辅导员、班主任等)为主进行评价,而更注重多元评价主体的参与,第二课堂评价相对于以往的大学生评价更为突出。不同身份的群体代表,如参加第二课堂的学生本人,负责开展第二课堂的指导教师、负责第二课堂管理工作的辅导员等,不同的主体从不同的角度发出了不同意见,也就有了对大学生进行第二课堂评价更全面、更科学的评价信息。

3. 量化评价与质性评价相结合

受传统学生评价思想的影响,大多都是以标准化考试成绩为评价标准,而容易忽视学生在接受教育教学过程中的表现。而第二课堂活动强调的是性格各异的独立个体参加的活动,更加强调全面性,如果以传统的"卷面分"来衡量学生的能力,显得过于片面。量化考核,虽然可操作性强，具有计算方便、客观准确等优点，但仅以量化的方法来考核，难以量化或不宜量化的素质，如学生的思想品德品质、兴趣爱好、创新能力等方面，会对结果的准确性造成影响。因此，需要在量化考核中与质的考核相结合进行弥补。定性评价强调评价主体通过面谈、考察、记录等方式，对学生的有关情况进行尽可能全面的收集和记录，并在此基础上进行评价，是评价主体积极参与和沟通交流的表现。高校对学生参加第二课堂教育教学的评价，应选择适当的评价方法加以运用，量化评价与定性评价相结合，使学生的综合素质更全面、更客观地展现出来，让学生的优势与不足之处呈现得清清楚楚，促使学生不断取得更大进步。

4. 形成性评价与总结性评价相结合

传统院校的学生评价更侧重于总结性评价的使用，是“完成教育计划、计划和教育活动后，或进行到一个阶段时进行的评价，也称为总结评价”。人们在日常学习活动中，除了学习成绩以外，更多难以量化的因素是投入程度、互动情况、参与活动的贡献程度等均不能有效评价。相对于总结性评价更强调对评价结果的重视，形成性评价更关注学生的自我发展状况，目的是了解在各种活动中，学生得到了怎样的锻炼，发展到了什么样的素质，是一种既关注学生学业状况，又关注其具体表现的过程性评价。同时，将学生在参与活动过程中遇到的问题和疑惑记录下来，以便教育者接下来根据评估材料有针对性地为学生提供指导，教育者也可以根据学生在日常参与评估过程中的反应，也就是根据实时情况对第二课堂教育教学工作进行改进，真正做到有的放矢，从而引导学生更加积极主动地参与到第二课堂活动中来。所以，教师在参与测评过程中，评价学生参加第二课堂的真实情况，对评价活动开展过程中有关学生的表现要重视，又要重视评价的最终结果。以便及时掌握开展第二课堂活动的具体情况和开展日常教育教学活动的现状，善于在教学过程中发现每个学生身上的闪光点，从而发挥评价促进大学生全面发展、个性发展的教育导向意义。

（五）第二课堂评价结果的呈现及使用情况

高校学生参加第二课堂评价结果的呈现与使用，直接关系到评价功能能否发挥作用，了解学生个体的过往表现、与他人的差距、自身的努力方向等，能对自己有一个清晰、全面、正确的认知。对高校学生参加第二课堂评价，应综合运用多种方式呈现评价结果，对不同的评价内容，应区别对待。可采取分数或等级的形式，呈现出智育中基础知识方面的测评结果，确保测评高效覆盖；对难以量化的评价内容，如学生的思想道德素养、创新创业能力、社会实践能力等，灵活呈现高校对学生综合素质评价的评价结果，选择恰当的测评方式，采用分数、等级、文字等多样化呈现方式，采用信息平台进行记录。

高校对学生参与第二课堂的评价结果，既有校内使用的目的，也有对外使用的目的。一是学校可将学生评价结果作为检验自身办学水平以及检验开展第二课堂教育教学工作效果的重要依据，通过对评价结果的分析，对第二课堂教育教学工作进行全面了解、检验，并及时进行完善修改，最终为达成人才培养目标服务。大学对学生参加第二课堂教育教学活动的评价，可以用于学校各类评优评先、保研就业等活动中，比传统的学生评价更全面、科学，评价结果也更有说服力。二是，教师可以把评估结果作为指导学生健康成长和个性发展的重要参考依据，即教师对第二课堂教学方法进行及时调整，通过学生日常的学习评估结果，对学生的成长进行指导，促进他们健康成长，及时给予帮助或指导。三是学生能针对自己存在的问题，运用测评结果，摆正位置，找差距，找问题，及时改进，促使自己不断地自我反思、自我教育、自我促进、自我提高。总之，各评价主体对测评结果运用的力度要切实加强，提出具体的反馈建议，借助技术软件及时收集分析学生的发展潜力，为设计第二课堂教育教学活动提供有效的信息，为学生的后续发展提供有力的帮助，从而提高评估材料的利用率，使评价的育人功能得到有效发挥。

二、高校第二课堂教育评价的路径

（一）加强完善高校第二课堂评价的顶层设计

学校将第二课堂课程有机融入人才培养方案，逐步推进第一课堂与实践教学无缝融合、信息技术与第二课堂深度融合、教研成果与教学实践转化融合，坚持能力导向、问题导向、育人导向、协同联动、保障先行等原则，以第一课堂与第二课堂协同育人为主线，逐步推进第一课堂与第二课堂无缝融合。通过实施“第二课堂成绩单”制度，构建以专业社团为基础的多层次实践平台，完善第一课堂与第二课堂两个课程“成绩单”交织交融设计，实现全员育人、全程育人、全方位育人的教育体系，以培养学生为核心，逐步形成集系统建设、管理应用系统、教学大数据分析为一体的新型协同育人模式。围绕高校立德树人的根本任务，以促进学生德智体美劳全面发展为目标，以第二课堂与第一课堂协同育人为实践模式，实现满足大学生成长成才需求的活动课程化，以培养学生的德智体美劳为目标，学生毕业前需要按时完成学校规定的学业成绩，生成的“第二课堂成绩单”则需要装入学生的毕业档案。作为学生日常评奖、评优、推优入党的重要凭证，第二课堂课程学分逐步推动学生从“被动”向“主动”参加第二课堂课程转变，形成完整科学的工作体系，对大学生综合素质进行全方位的整体培养，统筹全校第二课堂课程。

（二）参与评价人员需要切实提高自身的素养与能力

高校学生第二课堂评价，根据我国高校学生评价生态逐步发展而产生的以发展性教育评价为理论基础，以评价促进高校人才培养质量，促进教师的教育教学水平的提高，进而促进高校大学生综合能力与综合素质的全面提高。评价改革目标的实现，需要参评人员的理解和支持，真正意义上的评价改革发展，也只有广大教职员工的共同努力和有效实践才能取得成效。因此，学校对参与高校第二课堂评价的相关人员，需要通过多样化的途径和手段，进行系统的宣传和培训，使教师和学生的评价能力和素质不断得到提升。首先，学校可引导有关主体通过不同的途径和方法重视评价工作，对学校的评价程序和方法做到心中有数。如采取新生入学教育、新入职教师培训、校园媒体宣传等方法进行引导。尤其是各二级学院，在日常教育教学和师生生活学习活动中，要把第二课堂评课的方式方法融入经常性宣传培训之中。其次，可以定期邀请专家到学校和院系作专题讲座，帮助评估主体对高校第二课堂评估的价值和意义有进一步的了解，对相关评估主体形成正确的思想观念也有一定的帮助。最后，院系能积极为师生交流讨论创造条件和机会，在参加第二课堂教育教学活动中分享成功经验，在交流过程中解决遇到的困惑，从而逐步提高自己的评价知识与能力。

（三）优化学校的评价氛围，推动评价工作常态化开展

我国传统观念中“分数至上”的消极影响不仅在中学阶段，在大学中也同样存在，这就造成了在参与第二课堂活动过程中忽视学生的感受，对过程性评价作用的忽视，这种评价氛围严重影响了大学实施第二课堂评价的效果。促进每个学生获得全面的、个性的发展，而不是仅仅根据评估结果进行筛选、排序，让第二课堂的教育教学工作更有效率，才是高校第二课堂评估的最终目的。与传统选拔性质的评价不同，第二课堂评价主要强调让学生在参与第二课堂活动中，不能只盯着考分、评价结果不放，期待通过科学评价能有更大的收获。引导学生更加主动、积极、全面地推进综合素质发展，改变评价带来的功利效应，在评价过程中不简单地把学生按估分的成绩分成三六九等，而是集中精力进行全面评价。第二课堂教育教学评估要求重视每个学生身上的闪光点，在这个过程中引导学生挖掘潜能，形成个人特长的过程中，让每个学生都能积极地参与到评价中来。从而使评价的教育意义得到更大的发挥，使评价成为促进大学生全面发展的重要手段。同时，也是促进学生全面健康发展的目的，是促进学生全面健康发展的重要手段。学校要充分调动相关负责人的积极性，帮助他们在高校内部形成正确的评价观念，利用一切有效的教育资源，积极创造一切条件，改善评价环境，不断优化学校数字化信息系统，减少第二课堂教育教学信息的统计、汇总上报和重复更新工作，整合教务处、学生处、校团委等有关部门有关学生成长的信息。为老师和学生节省时间和精力，更简便易行地开展好评估工作，为师生的成长成才保驾护航，为教师、学生的成长创造有利条件。

针对“培养什么样的人”“怎样培养人”的问题，可以通过高校对学生综合素质评价的有效开展，在高校人才培养中得到解答。第二课堂教育教学是促进学生综合素质和能力培养的重要途径之一。因此，第二课堂教育教学的评价要遵循学生成长成才的规律，辅以有效的方法进行引导，这样会使教育过程更有效率，教育效果更有质量。一是教育行政部门要充分发挥组织领导作用，完善相关政策制度，充分发挥多方参与的力量，形成合力，才能保证第二课堂评价工作的顺利实施，为高校学生参与第二课堂评价工作的有效实施保驾护航。二是要把第二课堂评价

机制纳入学校日常运行管理机制,学校教育教学工作作为一种常态来开展,要真抓实干,抓好落实评价工作,学校要积极转变,深化评估人员对教育教学评估在第二课堂上的理解与认同;通过培训和宣传方式提高大家对第二课堂评价的认识,以及促进负责评价工作的相关人员能力的提高等。三是要把第二课堂评价作为开展学校教育教学工作的常态,切实抓好、落实好,把第二课堂评价机制纳入学校日常运行管理机制之中。学校要积极转变评价的观念,通过培训、宣讲等方式深化参评人员对第二课堂教育教学评估工作的理解与认同,提高大家对第二课堂评课的认识,促进相关人员对评课工作负责能力的提高等。学校领导班子重视,学校各项制度设计到位,各部门工作职责明确,配合得当,学校各项工作开展得有声有色,这些都是提高评估实施效果的重要基础,这样才能有助于高校第二课堂教育教学评价工作的顺利开展,才能收到实实在在的效果。四是发挥大数据的作用和影响力,为实施高校第二课堂教育教学评价助力,提升信息化水平,打通学校内部信息资源。这就要求在保证信息安全保密的同时,将各部门参与第二课堂教育教学工作的数据进行联通整合,通过数据的记录与分析,使评价更加科学客观,对大学生的各方面情况进行有效的分析,促进学生全面发展。

(四)开发便捷的信息平台促进信息的准确记录

设计开发“第二课堂成绩单”网络信息平台,是实现“第二课堂成绩单”客观公正记录评价功能在互联网时代的物质前提和必经之路。“第二课堂成绩单”网络信息平台不仅有利于高校有效推行“第二课堂成绩单”制度,还有利于学生科学规划课外时间,为学生综合素质提升的高效拓展服务,更好地实现成长、成才。具体地说,“第二课堂成绩单”网络信息平台满足学生用户、管理用户、社会用户三方面的需求。在设计开发产品的同时,设计开发出既简便易行又能快速迭代的产品。学生用户端的设计要通过 Web 端或移动端,再通过“报名参加”活动和课程,为学生提供基于“兴趣”可选择的第二课堂活动和课程信息。管理端设计要确保数据信息的真实性、可靠性和权威性,实现 Web 端或移动端并行操作,满足权限设置管理、活动课程管理、学生组织管理、记录评价管理、数据统计分析、成绩单管理、数据挖掘反馈等“第二课堂成绩单”管理部门的功能。社会用户端设计应满足社会用户选人、用人的实际需求，设计开发方便的端口和通道，可供社会用户查询“第二课堂成绩表”，实现社会、学校、学生三个层面的无缝衔接和有机统一。“第二课堂成绩单”网络信息平台可以由高校“校本化”自主研发，也可以直接利用跨学校、跨地域的统一平台，但不管平台的设计方是谁，都应该在平台的设计开发和运营管理过程中，围绕信息本身的有效性、信息使用的便捷性等方面进行重点研究，并不断完善，以确保信息的准确性与有效性。

（五）确立可控的保障体系促进两个课堂协同育人

“第二课堂成绩单”课程工作系统的运行，需要对这一复杂系统进行动态的调整和管理，以实现对信息的接收、处理、传递和使用等各个环节进行严格、规范的过程控制。有制度、有机构、有监督、有反馈，是“第二课堂成绩单”课程工作制度的过程控制。“有制度”是指“第二课堂成绩单”工作制度要制定一系列规章制度，包括学分制度、课程开发制度、课程审核制度、课程发布制度、课程督导制度、报告反馈制度等，确保“第二课堂成绩单”制度的权威和执行的规范性，“有机构”是指在落实“第二课堂成绩单”制度时，要按照第二课堂教务处的职能，成立专门的运行机构，配备专门的工作人员，明确各自的任务分工，开展工作，做到与第一课堂衔接顺畅，“有督导”是指在落实“第二课堂成绩单”制度时，通过管理技术平台系统设置报告功能，对第二课堂活动开展情况和课程设置情况进行督导，同时实现对第二课堂运行过程的全程监控，确保第二课堂的严肃性、规范性；“有反馈”是指在实施“第二课堂成绩单”制度时，要建立健全“第二课堂成绩单”反馈机制，对第二课堂工作运行过程中发现的问题，依托“内容 + 平台 + 终端”的体系，及时反馈、及时处理，确保第二课程教育教学工作不断迭代、高效运行。总之，通过建立有制度、有机构、有监督、有反馈的“四有机制”，“第二课堂成绩表”课程工作制度的过程控制，能够有效保障“第二课堂成绩单”制度的顺利实施和预期效果，形成了“事前规范、事中监督、事后反馈”的完整工作闭环。

“第二课堂成绩单”制度是第二课堂教育价值理念在新时代的再一次彰显，是第二课堂育人评价走向科学化、规范化的大胆探索，是高校第二课堂工作在互联网时代走进学生学习生活世界的大胆尝试，也是深化新时代教育评价改革、重视过程评价、树立科学成才观念、促进学生德智体美劳全面发展的一项重要举措，是一个健全综合素质评价的体系。构建“第二课堂成绩单”工作体系，需要坚持全局性、差异性、权威性的原则，因为第二课堂是一项复杂而系统的工作。全局性原则可分为两个方面，一是“第二课堂成绩单”体系是以人才培养的“一盘棋”思维，以做好制度顶层设计，融入高校人才培养的制度构建。二是要在整体推进“第二课堂成绩单”工作制度内容各要素之间形成整体功能大于部分之和，正确认识第一课堂课程与第二课堂课程之间的联系和区别。第二课堂课程主要是拓展综合素质，对大学生的兴趣爱好和特长进行发掘和培养；权威原则，就是要对纳入人才培养计划的第二课堂学分与第一课堂学分具有同等效力，对“第二课堂成绩单”学分的权威性有充分的认识。高校制定严格的学分制度规范并严格执行，以制度规范杜绝学分的“随意性”，才能杜绝“第二课堂成绩单”制度在经营管理过程中的“人情义务”，也才是“第二课堂成绩单”制度得以长久、内涵得以发展的关键所在。

具体而言，高校可借鉴第一课堂的模式机制，创新第二课堂的工作机制和方法手段，形成协同育人、互促互进、互为补充的两大课堂体系，推动学生综合素质全面发展。第一课堂教学计划对具体的课程安排时间、课时的具体分配等内容进行规划，也包括按教学目的、教学内容、教学方法等内容的设计。第二课堂教育要借鉴第一课堂教学制定教案、大纲的思路，对第二课堂的各项活动进行重新分类、整合，即对第二课堂的每项活动性质类型、具体目标任务、具体活动内容、活动评价考核办法等进行明确，形成项目活动，符合第二课堂的学生成长发展规律和教育教学规律，对学生的成长成才具有较强的针对性和指导性。然后对第二课堂具体要求、操作流程等方面进行明确，有利于参评人员的评议行为规范起来。这样有助于第一课堂与第二课堂在科学的理念指导下，相互融合，相互促进，构建完善的高校第二课堂评价配套体系，共同推动学生培养工作的全面开展。

第六章　构建我国高校第二课堂育人体系的路径

高校第二课堂育人体系是一个系统工程，它是高校人才培养的有机成分，也是学生全面发展的重要指标。所以，在建立高校第二课堂育人制度时，必须从提升学生的整体素质、全面发展入手，坚持学生的发展规律，把第一课堂和第二课堂内容精准衔接，举办形式各异、内涵丰富的校内校外各类活动，形式多样，使实践育人的功能在第二课堂得到充分发挥，应用价值得到提升。构建我国高校第二课堂育人体系，就是要运用科学的理论、高效的管理思想、广博的教学内容、形式多样的方法和手段，不断地提高高校第二课堂教育教学的质量。

第一节　构建高校第二课堂实践育人制度

“没有规矩，不成方圆。”确立规章制度，是任何工作正常开展的保障条件。高校制定相应的第二课堂制度，不仅学生思想和认知层面对第二课堂有所重视，同时能为组织第二课堂实践育人活动提供管理和指导依据，确保高校第二课堂育人体系能有条不紊地开展并焕发出活力，对第二课堂活动管理现有工作水平的提高有一定帮助。

一、学分管理制度

大学的学分管理制度由来已久，在第一课堂教育教学中已取得不错的效果。在高校第二课堂育人体系中，实行学分管理体系，是全面贯彻全国教育大会、全国高校思想政治工作会议精神的有关规定，是实施“立德树人”基本任务的重要举措，它充分发挥了第二课堂在高等教育中的作用，激发和培养大学生的创新意识、创业意识和实践能力，加强大学生人文素质、科学精神和艺术素质，推动大学生德智体美劳全面发展。

（一）学分核定与等级鉴定体系

第二课堂教育是对学校人才培养方案的重要补充和完善，学生根据自己的特长和爱好，利用课外时间，独立或在教师指导下，参与教育培训、学科竞赛、学术讲座、科研项目、创新创业、社会实践等各类活动。作为第一课堂的有机补充，具有“客观记录、科学评价、促进成长、服务大局、提升工作、融入社会”6 方面功能，是学校人才培养评估、学生综合素质评价、社会单位选人用人的重要依据。因此，把第二课堂学分纳入高校的人才培养方案具有重要作用。言外之意，大学生只有在学校学习期间修满规定的第二课堂学分才能毕业。同时，根据第二课堂课程内容的重要程度，把大学第二课堂的课程分为两类：必修课程和选修课程。其中，必修课程主要体现大学生必须提升的综合素质所参加的思想政治教育实践课程；选修课程主要是根据学生自己的专业、兴趣、爱好、意愿等个人需求进行自主选择。

“第二课堂成绩单”制度学分核定与绩点评价体系主要针对学生参与第二课堂活动的情况，开展系统的记录和评价。主要包括课程绩点、评价记录、学分核定 3 个层面。一是课程绩点。第二课堂课程活动均可根据课程实际设定课程绩点，可由开课单位根据实际情况申请授予课程绩点。二是评价记录。真实客观地记录学生参加第二课堂活动的过程和取得的成绩，同时依据活动种类、等级、参与方式的不同授予相应绩点，最终用于核定学分和等级鉴定并在成绩单中予以反映。三是学分核定。比如玉林师范学院第二课堂绩点设置标准：四年制本科学生在校期间取得第二课堂 4 个绩点及以上，即可获得人才培养方案中“创新创业实践”通识教育必修课程的 2 个学分。四是综合评定。依托第二课堂学分对学生综合素质能力设定五个等级进行鉴定，并对应第一课堂学分等级，其中本科生获得“小于 4 个绩点”为不合格、“大于等于 4 且小于 6 个绩点”为合格、“大于等于 6 且小于 8 个绩点”为中等、“大于等于 8 且小于 10 个绩点”为良好、“大于等于 10 个绩点”为优秀；专科五年制学生获得“小于 3 个绩点”为不合格、“大于等于 3 且小于 4 个绩点”为合格、“大于等于 4 且小于 5 个绩点”为中等、“大于等于 5 且小于 6 个绩点”为良好、“大于等于 6 个绩点”为优秀；专科三年制学生获得“小于 2 个绩点”为不合格、“大于等于 2 且小于 3 个绩点”为合格、“大于等于 3 且小于 4 个绩点”为中等、“大于等于 4 且小于 5 个绩点”为良好、“大于等于 5 个绩点”为优秀；专升本“小于 1 个绩点”为不合格、“大于等于 1 且小于 1.5 个绩点”为合格、“大于等于 1.5 且小于 2 个绩点”为中等、“大于等于 2 且小于 2.5 个绩点”为良好、“大于等于 2.5 个绩点”为优秀。

（二）第二课堂学分的管理与使用

为了能够确保第二课堂育人体系顺利运行，可依托“第二课堂成绩单”网络管理系统，客观、真实地实时记录、评估和对学生参加第二课堂活动的情况进行学分认证。

采取“第二课堂成绩单”网络管理系统进行数据管理的办法，实时记录、评价和学分认证学生参加第二课堂活动的情况。

第二课堂学分核定工作由高校二级学院第二课堂管理工作组具体负责实施，第二课堂学分认证以一学年为审核单位，学院第二课堂管理工作组在每个学期开学的一个月内，对大学生自主申请提交的加分材料进行仔细审核、认定学分，同时在学院内对认证结果进行公示；公示结果无误后，将结果上报学校第二课堂建设与评定委员会办公室（校团委）存档。

第二课堂课程学分按学年、学生年级设定最低绩点要求，学院审核结果经统一公示后，对在规定学年末达到必修学分一半以上的学生将予以学分警示，督促学生尽快完成相应第二课堂学分。此外，第二课堂学分原则上需在毕业年级第一个学期内修满，每年 4 月开展毕业生学分认定工作。由二级学院第二课堂管理工作组登录管理系统打印“第二课堂成绩单”，上交学校第二课堂建设与评定委员会审核，审核无误后盖章认定“第二课堂成绩单”并装入档案，以便记录大学生在校参与第二课堂活动情况。

二、监督激励制度

建立有效的监督激励制度是为了构建规范有序的监督、考核、奖励机制，能加强对学院第二课堂教育教学工作的过程监督，保证第二课堂各项工作的顺利开展，对于第二课堂教育教学水平的提升具体重要意义。

一是高校应建立第二课堂的监督机制。在学校评选出一批优秀教师担任学校督导小组成员，主要负责对第二课堂教学环节执行情况进行检查，及时对督察发现的问题进行反馈、分析问题存在的原因，并对此提出解决问题的对策。此外，学校应该拓宽监管第二课堂的渠道，发挥学生作用，鼓励学生行使监督权利，对于开展第二课堂活动过程中的教育教学过程，或者记录、评价学生第二课堂学分存在的不合理现象，提供匿名投诉信箱，确保第二课堂教育教学工作的有序开展。

二是高校应建立和完善科学的奖励制度。首先，高校应建立奖励机制，划拨专项经费，把专任教师、辅导员参与第二课堂教育教学活动者计入工作量，把教师指导第二课堂教育教学活动与他们第一课堂的教学、科研活动同等对待，充分调动老师参加第二课堂教育教学活动的积极性，在评优、评先、年终绩效、晋升等方面应给予制度的肯定。但是对于指导不力，因自身原因导致在第二课堂教育教学中出现负面影响的老师应该实行问责。其次，对于第二课堂工作小组的成员来说，二级学院为第二课堂工作小组成员制定成长方案，提供机会让第二课堂表现优秀的工作人员参加学校的评优评先活动，向这些优秀的工作人员提供参加校团委组织的学校干部培训机会，促进其更好地成长为骨干。最后，对于普通的学生，通过执行高校第二课堂学分制度来激励学生积极参加第二课堂活动，学生根据自己的专业、兴趣爱好与实际情况参加第二课堂，把学生参与第二课堂情况及取得的效果与学生的奖学金、评优、组织发展相挂钩，激发学生热情参与第二课堂活动的积极性，以保证学生参与第二课堂的深度与广度。

三、后勤保障制度

第二课堂教育教学活动在高校顺利开展,需要取得强大的后勤支持。学校多个主体要把力量整合到一起,共同构建第二课堂后勤保障机制,主要包括资金保障、设施保障、人员保障三个方面。

资金保障。学校拨专款支持开展第二课堂活动,同时校团委要联合各学院向校外合作企业争取经费赞助,有效保证学校开展第二课堂教育教学活动的经费供应。学校按照学生人数把第二课堂活动经费划拨到二级学院,二级学院根据实际需要进行经费调整。在资金使用上,高校要详细规定第二课堂活动经费的使用范围,各二级单位要严格执行经费审核制度,第二课堂经费不能随意使用,对不符合学校规定的第二课堂活动项目和范围使用的经费,高校财务要严格审核,一律不予报销。

设施保障。高校第二课堂设施保障主要包括高校第二课堂的活动基地、教学工具和活动器材等基础设施支持。开展高校第二课堂活动,学校要为师生提供必要的物质保障,结合专业特点,利用第二课堂专项资金进行第二课堂活动基地建设。同时,高校把实训基地、辅助设备、实验室等硬件建设作为重点,为学生顺利开展各种学科竞赛、创新创业活动、科研活动提供必要的物质保障。此外,要对高校第二课堂活动设施进行规范化、制度化管理,严格执行设施使用登记制度,做好设施的维护修理,做好“一物一登记”,充分利用好第二课堂活动设施,提高高校第二课堂教育教学质量。

人员保障。要提高第二课堂的质量,就需要配备一支师德高尚、理论扎实、结构合理的第二课堂师资队伍。学校要选拔一批优秀的专业老师、学生工作队伍投入此项工作。专业老师具备扎实的理论水平和较强的专业技能,实行导师制来指导学生参加科研项目、学科竞赛,同时对第二课堂的活动进行指导,把专业优势发挥出来。辅导员要善于利用学生工作经验来引导和组织学生参加第二课堂活动,提高学生参加第二课堂的积极性,辅导员对第二课堂实行思想教育、组织建设的工作指导责任制。团委书记具体负责传达校级对第二课堂工作的各项指示和精神,对实践类活动进行合理筹划,对第二课堂的开展进行有效的监督与反馈。此外,确实因为专业的需要,指导教师也可以从校外有关教育、科研、行政机构中选择,但是校外指导老师需要提前在高校进行备案,对校外指导老师的资格进行认定，方可进行聘任，聘期时间过了，自动解除。专业教师和管理人员是开展高校第二课堂工作的主要组织者和实施者，积极鼓励、动员广大教师、管理人员、科研工作者参与高校第二课堂工作，多方力量的融合，有助于促进高校第二学分认定工作的顺利开展。

第二节　构建高校第二课堂实践育人组织体系

高校第二课堂实践育人工作不是独立的，不是只依赖学校某个部门或者某个学生活动组织就能实现目标的。高校第二课堂实践育人工作的落实有赖于系统的组织体系，这要求高校要从整体上进行统筹安排，通过构建完善的组织体系，来保障第二课堂实践育人效果最大化。

一、构建坚强有力的校级领导组织体系

强化组织领导是高校建立第二课堂活动组织体系重要的向心力保证。由学校的主要领导或分管领导在深入调查与研究的基础上，亲自抓第二课堂育人体系顶层设计工作，成立校级领导工作小组进行统筹规划，形成学校党委领导，校团委牵头，教务处和学生工作处协助，组织部、宣传部、后勤处等相关职能部门相互配合，各司其职、各尽其责的工作机制。

校领导在组织管理工作中，要坚持“放管”结合，进行教育供给结构性改革。“管”是指校级领导要把握住宏观层面上的顶层设计，把握好第二课堂的发展方向与目标；“放”是指在微观层面上要给予二级学院一定的权力，各二级学院第二课堂管理工作组可结合学院人才培养方向、学生综合素质成长需求，申请组织开展第二课堂课程建设，并申请相应类别的第二课堂绩点，做到因材施教，体现在组织开展第二课堂教育教学工作时具有较强的灵活性和操作性，提高第二课堂活动育人成效。

学校成立第二课堂建设与评定委员会，委员会由分管校领导、校团委、学工处、教务处、人事处等相关单位负责人组成，主任由校团委书记

担任。委员会主要职责是总体规划与设计学校第二课堂培养方案、课程体系建设、学分认定与预警审核机制、负责制定年度校级活动项目计划和资金预算、项目最终审批等工作。各部门相互协调、各司其职，使高校第二课堂项目顺利开展。

二、构建以二级单位为主体的组织实施体系

第二课堂教育教学具体工作的执行者是高校各院系，是实施高校第二课堂育人制度的骨干，第二课堂育人体系的工作质量主要看各院系的实施效果和工作水平。因此高校各院系需要构建以二级单位为主体的组织实施体系。

高校各个院系要成立院级第二课堂管理工作组，院级和班级活动项目管理办公室设在二级学院团委，由院团委书记担任主任，辅导员、班主任担任成员。团委书记具体负责传达学校第二课堂活动项目组织管理的各项指示和精神以及各级活动项目的协调。各院系第二课堂管理工作组在制定第二课堂教育教学计划时，在服从学校制定的教学计划基础上，要善于结合所在院系学生的素质、专业特色、院系实际情况制定符合本学院需求的教学安排，使得各个院系在第二课堂教育教学都各有特色。各个院系的第二课堂组织机构是校级第二课堂组织机构的一分子，各学院需要在校级第二课堂组织机构的领导下，互帮互助、共同进步，学院与学院之间可以相互借鉴优势，促进各院系第二课堂活动的有序进行，不断提高学生的综合素质。此外，为了确保各个院系第二课堂教育教学水平的提升，院系应积极聘请具有扎实学科专业知识和开展第二课堂教育教学活动经验丰富的教师，构建力量强大的第二课堂教育教学师资队伍。

三、构建辅导员班委宿舍长具体落实的管理体系

高校学生是参加高校第二课堂教育教学活动的主体，作为教育者需要充分尊重学生在第二课堂教育教学中的主体地位，积极引导和鼓励学生参加第二课堂教育教学活动，这需要激发辅导员、班委和宿舍长的力量，构建辅导员班委宿舍长具体落实的管理体系，确保辅导员作为高校的思想政治工作者，不仅具有一定的学生管理经验，而且在开展第二课

堂教育教学中，要善于走进班级、走进宿舍，大力宣传第二课堂育人体系对学生成长成才的重要性，加深学生对第二课堂活动的认知，让学生熟悉开展第二课堂学分认证的流程，有助于学生树立对第二课堂活动的正确观念。

班委会干部是学生班集体的主心骨，是学校开展第二课堂教育教学工作的重要桥梁与纽带，是老师的得力助手，因此，在开展第二课堂教育教学工作中要发挥班干部的榜样与核心作用。首先，班委们要积极主动参加第二课堂活动，以自身的实际行动为同学们树立榜样，以榜样示范的力量调动同学们在第二课堂活动中的主动性；其次，要对学校的第二课堂制度了如指掌，细心观察同学们在第二课堂教育教学活动中遇到的问题，主动为同学们答疑解惑，对存在的问题或疑惑及时向负责的老师汇报并寻求帮助。最后，要深入本班同学中了解他们对第二课堂教育教学活动的看法，用同龄人的交流方式去沟通，及时掌握学生对院系开展的第二课堂教育教学活动的想法，将信息反馈给院系的第二课堂工作的负责老师，以便进行调整，保证教育教学活动质量提升，有助于第二课堂的发展。

作为学生学习、生活重要场所的学生公寓，对学生的个体行为习惯的养成、学习态度、生活作风等都起着重要的作用。“芝麻官，办大事”这一句话用来形容宿舍长这一职位最合适不过了，宿舍长职位虽小，但却是整个宿舍的核心。宿舍长时刻关心宿舍室友的情绪与心理状态，有意识地带动同宿舍的室友一起参加第二课堂活动，相互扶持、携手共进，一起参与第二课堂活动、一起收获知识，确保每名学生都能深度参与到第二课堂活动中去，切实提升大学生的综合素质。

第三节　构建高校第二课堂实践育人内容体系

习近平总书记指出人才教育工作的根本任务是“培养德智体美劳全面发展的社会主义建设者与接班人”。高校第二课堂育人体系承担促进大学生德智体美劳全面发展的重要任务，学生根据自己的特长和爱好，利用课外时间独立或在教师指导下参与教育培训、学科竞赛、学术讲座、科研项目、创新创业、社会实践等各类活动，培养学生的自主能力和创造能力，增强学生实践创新能力的综合素质。按照项目内容培养方向的不同，把第二课堂活动分为五类：思想道德素质拓展体系、知识能力素质拓展体系、身心素质拓展提升体系、人文素质拓展体系、劳动素质拓展体系。

一、思想道德素质拓展体系

思想政治教育第二课堂的性质是集理想信念教育、爱国主义教育、公民道德教育和素质教育于一体的综合性课程。

在第二课堂教育教学中要加强思想道德教育的针对性和系统性，有计划、有步骤地对大学生开展思想道德教育。通过思政第一课堂与第二课堂实践相结合的方式，筑牢青年大学生爱党、爱国、爱社会主义的思想根基，使他们敢于担当新时代崇高使命，争做合格的社会主义建设者和接班人。因此，高校应该以思想道德素质拓展学分为抓手，以第二课堂为载体，充分调动学生的积极性，把思想道德培养的工作贯穿教育教学全过程，实现全程育人、全方位育人，不断提高学生的思想水平、政治觉悟、道德品质、文化修养。其中，思想道德素质拓展学分由思想品德理论课学分和思想品德行为学分组成。主要内容如表 6-1 所示。

表 6-1 思想道德素质拓展学分

<table>
<tr><th>名称</th><th>项目分类</th><th>主要内容</th></tr>
<tr><td rowspan="9">思想道德素质拓展学分</td><td rowspan="5">思想品德行为</td><td>热爱祖国，遵纪守法，尊敬师长，团结同学，有良好的社会道德修养</td></tr>
<tr><td>政治面貌（中共党员、共青团员）</td></tr>
<tr><td>学生社会工作（担任各级学生干部）</td></tr>
<tr><td>参与社会实践活动</td></tr>
<tr><td>其他思想道德行为</td></tr>
<tr><td rowspan="4">思想品德理论课</td><td>党校、团校培训</td></tr>
<tr><td>参加“青年大学习”网络主题团课学习</td></tr>
<tr><td>参加主题班会、主题团日活动</td></tr>
<tr><td>思想道德修养与法律基础，中国近代史纲要，毛泽东思想和中国特色社会主义理论体系概论，习近平新时代中国特色社会主义思想概论等课程</td></tr>
</table>

二、知识能力素质拓展体系

随着社会经济水平的不断发展和社会的不断进步，社会对应用型人才的需求越来越大，对大学生的基本技能素质、专业能力素质以及创新能力素质提出了更高要求。作为参与社会竞争主体的大学生，应当培养适应社会竞争的各种技能。高校作为培养人才的阵地，应该适应社会的变革、社会发展的需求，重点培养学生解决实际问题的能力。因此，在设置第二课堂育人内容体系中要注重知识与实践的相互结合，突出培养大学生解决问题的能力，有效达到在实践中提升大学生综合素质的目标。

在第二课堂智育体系构建中，需要进行校级和院级两层管理的方式，有针对性地对学生专业能力和创新能力的培养。在校级层面，校团委需要把握大的方向，组织专业教师对学术型的社团进行指导与管理，依托"挑战杯"竞赛、"创青春"竞赛、"互联网＋"竞赛等赛事为抓手，引导学生在各种学术实践竞赛中激发研究兴趣，在实践中发现问题、解决问题，不断提升创新能力和迁移学习能力。在院系层面，针对专业特色，灵活地开展第二课堂活动，比如音乐舞蹈学院每年都举办具有鲜明专业特色的各类竞赛，包括师范生教学技能大赛、器乐大赛、舞蹈大赛、声乐大赛、新生才艺大赛、艺术采风汇报演出、里特米勒奖学金钢琴大赛等各类专业竞赛，营造一种健康文明、积极向上、全员参与的专业竞赛氛围，解决理论与实践相脱离的问题，促进学生专业技能水平提升，以提高自身就业竞争力（表 6–2）。以创新学分为抓手，通过引导学生参加第二课堂活动来有效达到提高大学生综合素质的目的。

表 6–2　知识能力素质拓展学分

名称	项目分类		主要内容
知识能力素质拓展学分	创新学分项目	学科竞赛	参与各级各类学科竞赛并获奖
		科研成果	发表学术论文、论著、作品
			获得各级科技成果奖
			获得各级发明专利
			参加其他科研活动并有相关成果

续表

名称	项目分类		主要内容
		文体活动	参与各类社会实践活动
			参加各级学科艺术、体育竞赛
			获得各级各类才艺表演奖
			获得其他各级各类单项荣誉
		等级考试	通过全国大学生英语各级考试
			通过各级计算机等级考试
	其他活动		参加创新创业教育实践、自主创业
			获得职业技能鉴定或认证
			参加各类科技文化活动

三、身心素质拓展提升体系

在素质教育的理念下，高校在培养学生综合素质的同时，也需要重视学生知识技能的掌握。各高校以丰富的活动吸引学生，以对大学生心理健康发展产生积极影响为宗旨，帮助他们树立正确的价值观念，满足校园文化建设，立足大学生心理特点，开展丰富多彩的第二课堂活动。因此，高校第二课堂素质拓展提升体系的目标，不仅是促进大学生身体素质的培养，还要促使大学生身心素质同步提升。

通过开设丰富高校第二课堂育人体系的身心素质拓展内容，促使大学生拥有健全的心理和强壮的体魄，为大学生在德智美劳其他方面的发展打下坚实基础。一方面，高校第二课堂要合理安排一些体育课程，要注重引导学生的兴趣，培养大学生坚持参加体育运动的习惯养成，保证一定的运动强度，做到强身健体。此外，还要通过校运会、荧光跑、校园杯篮球赛、足球赛、排球赛等活动提高学生主动参加体育锻炼。另一方面，心理健康教育是保障大学生心理健康的重要手段，在高校不仅仅是向学生讲授心理学理论的知识，教学形式也不应该是单一的，而是要将第一课堂心理健康教育课程与第二课堂紧密联系起来，加大对大学生心理干预，提高大学生心理健康教育。学校通过心理健康讲座与心理健康实践活动相结合，采取沙龙、团辅、宣传课外游戏等方式来提升大学生的心理素质，为大学生在德智美劳其他方面的发展打下坚实基础。身心素质拓展学分主要内容如表 6–3 所示。

表 6–3　身心素质拓展学分

名称	项目类别	主要内容
身心素质拓展项目	身体素质项目	体育课出勤率
		体质考核
		学期末体育项目考核
		各级各类体育竞赛
	心理素质项目	心理健康测评
		参与校团委、心理健康教育中心和学生组织的心理健康主题实践活动
		参与心理健康主题讲座

四、人文素质拓展体系

2018 年 9 月 10 日，习近平总书记在全国教育大会上强调："要全面加强和改进学校美育，坚持以美育人、以文化人，提高学生审美和人文素养。"美育作为五育必不可少的重要环节，在促进学生德智体美劳全面发展，落实立德树人根本任务方面发挥着重要的作用。高校第二课堂是高校落实以美育人工作任务的重要阵地和平台，遵循美育工作特点和规律，创新第二课堂美育载体与实践活动方式方法，培养学生审美情趣，形成健全的人格，进而提升大学生的综合素质。

高校第二课堂育人体系的美育内容应该以第一课堂的美育课程为依托，与第二课堂的德育内容相结合，形成美育第一课堂和第二课堂的深度耦合，提高校园文化水平，拓宽学生艺术视野，提高学生的审美素养，促进学生全面发展。高校要因地制宜探索创造具有时代特征、区域特色、校园标志的第二课堂美育活动，鼓励各院系结合专业特点，善于挖掘和总结第二课堂美育品牌活动，形成"一院一品""一院多品"的校园文化活动。开展校外高雅艺术进校园活动、举办毕业晚会、迎新晚会、十佳歌手大赛、舞蹈大赛等形式多样的第二课堂校园文化活动。除此之外，依托书画社、手工社、摄影社、合唱团等社团的力量，吸引更多的学生参与其中，开展丰富的第二课堂活动，有效实现美育实践课程体系与

第二课堂活动的互补融合。大学生获取人文素质拓展学分的主要方式如表 6–4 所示。

表 6–4　人文素质拓展学分

名称	获取的方式
人文素质拓展学分	人文素质拓展
	参加校园文化艺术节
	参与人文修养类主题讲座
	参加校团委和学生社团举办的人文实践活动
	参加各级艺术演出实践活动

五、劳动素质拓展体系

2020 年 3 月，中共中央、国务院印发《关于全面加强新时代大中小学劳动教育的意见》（简称《意见》），就加强大中小学劳动教育进行了系统设计和全面部署，这为新时代高校劳动教育开展提供了基本思想遵循和行动指南。高校必须要把劳动教育融入立德树人全过程，通过第一课程开始劳动教育，培养学生热爱、尊重劳动成果的品质，培养积极向上、树立正确劳动观的劳动精神；培养吃苦耐劳、任劳任怨的拼搏精神；通过第二课堂的劳动实践活动，养成良好的劳动习惯和品质，增强学会生存、学会生活的实际本领，培养学生的劳动技能，在劳动中承担责任、甘于奉献。

第二课堂育人体系的劳育内容要紧密结合第一课堂的理论知识，然而，第二课堂的劳育课程更强调以培养劳动知识和技能的实践劳动为目标，学生在劳动过程中亲身参与，劳动技能得到提高，劳动精神也因此而形成。以参加劳动课程教学和劳动实践活动为主要内容的劳动素质拓展学分的获取，主要内容如表 6–5 所示。

表 6–5　劳动素质拓展学分

名称	项目分类	主要内容
劳动素质拓展学分	劳动教育课程	劳动教育理论水平
		关于劳动教育专题讲座
		劳动精神的体会与感悟

续表

名称	项目分类	主要内容
	劳动实践活动	校园清洁行动
		志愿服务行动
		创新实践行动
		社会实践行动

第四节　构建高校第二课堂实践育人实施管理体系

第二课堂有效性的发挥,能真正成为第一课堂的补充,能为大学生提供优质的学习资源,成为一种人才培养的新路径。将项目化管理模式应用于高校第二课堂教育教学中,整合资源、优化配置、提高效益是第二课堂活动项目管理的最佳途径。秉承以学生全面发展为目标,抓住第一课堂与第二课堂之间的逻辑联系,实施高校第二课堂实践育人管理体系,不断优化第二课堂实践育人的管理模式,高校大学生通过参加科学、系统、规范设计的第二课堂实践教育教学活动来提高创新实践能力,促进学生全面发展。

一、高校第二课堂活动项目管理设计原则

高校第二课堂活动项目是为了学校人才培养战略服务的,因此,我们在进行第二课堂活动项目管理设计时,应遵循以下原则。

(一)项目化原则

项目化原则就是将高校第二课堂活动作为一个项目进行管理,以项目管理的方式进行管理,在项目的每一个阶段都有充足的准备,运用项目的启动、计划、实施、控制、结束等过程管理,对项目的时间、项目的质量、项目的成本等方面,采取项目管理领域的基本方法,来对大学生第

二课堂活动进行管理。

（二）培养性原则

培养性原则是指大学生的第二课堂活动必须面向全体学生，服务于学生的培养。因此，在活动设计的过程中，要把学生的培养放在首要位置。学生在参加第二课堂活动及管理中要充分发挥学生的主体作用，让学生积极主动地投入到活动中，在活动中不断提高自我教育、自我管理的能力。

（三）过程性原则

过程性原则就是要注重学生参加第二课堂活动每个过程。对于大学生而言，每一个过程都会成为对学生进行培养的重要环节，注重每个活动环节的培养，用高质量的管理过程来确保高质量的第二课堂活动培养效果。

（四）检测性原则

检测性原则就是要注重大学生参加第二课堂教育教学活动的实际效果，通过建立第二课堂学分认证系统，建立检测指标和检测手段，及时评判大学生第二课堂活动的成效。

二、第二课堂活动项目科学分类

第二课堂教育是对学校人才培养方案的重要补充和完善，学生根据自己的特长和爱好，利用课外时间独立或在教师指导下参与教育培训、学科竞赛、学术讲座、科研项目、创新创业、社会实践等各类活动，提升学生的综合素质和实践创新能力。采取科学、高效的管理思想、方法和手段的项目化管理第二课堂，高校现有的第二课堂活动管理工作水平。按照项目内容培养方向的不同，高校对第二课堂教育教学活动项目进行了划分，其中包括思想道德素质拓展项目、知识能力素质拓展项目、身心素质拓展提升项目、人文素质拓展项目、劳动素质拓展项目（见图 6–1）。

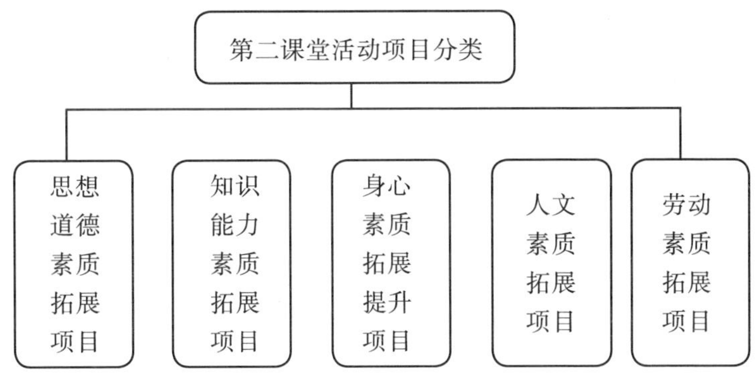

图 6-1　第二课堂活动项目分类

三、第二课堂活动项目分级管理

为了提高第二课堂教育教学工作质量，我们将第二课堂活动项目实施分级管理。学校成立第二课堂建设与评定委员会，各学院成立第二课堂管理工作组，班级负责人负责推进第二课堂教育教学工作（见图 6-2）。

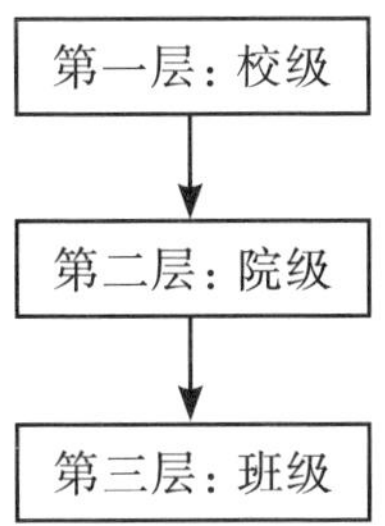

图 6-2　第二课堂活动项目层级结构

（一）第一层级：校级层面

学校成立了由主管校领导、校团委、学工处等有关单位负责人组成的第二课堂建设与评估委员会。在第二课堂建设与评估委员会下设管理办公室，由校团委负责课程管理、学分核定等工作，具体实施“第二课堂成绩单”制度。校级活动项目主要由校团委组织发起，主要包括校团委、校学生会、校社团联合会等组织，经费由学校拨付实施。比如校团委承办的迎新晚会、辩论赛、校园十大歌手大赛、舞蹈大赛、荧光跑等活动。

（二）第二层级：二级学院层面

各学院成立了负责本学院第二课堂管理工作的小组，主要是负责申报和认定本校学生的学分。二级学院的第二课堂活动由二级学院团委组织发起，主要包括学院团委、学院学生会、学院艺术团、学院社团等组织，但所有活动项目必须由团委书记审批上报校团委批准方可实施，经费由二级学院拨付。如院团委组织的迎新联欢会、毕业联欢会、球类比赛等；宿舍装饰大赛、红歌大赛、演讲比赛等活动由院学生会承办。

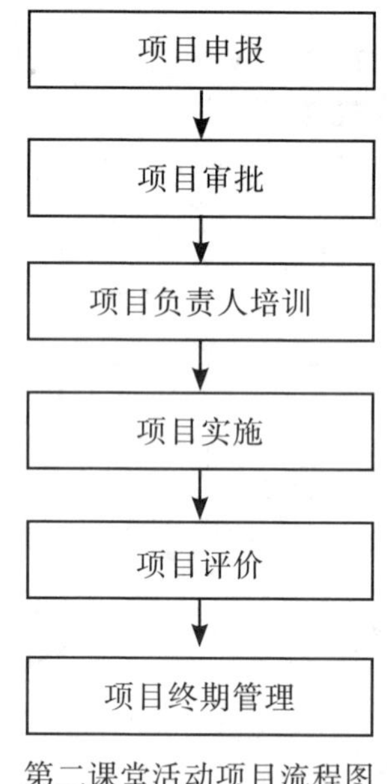

图 6-3　第二课堂活动项目管理流程

（三）第三层级：班级层面

各班级活动可以由团支部书记负责，主要工作是完成有关开展第二课堂上传下达任务、及时发布和组织第二课堂活动项目、督促同学参加第二课堂活动等工作，班级活动项目由班级团支部发起，经费由二级学院拨付和班级自筹相结合的方式实施。比如班级团支部举办的主题团日活动、班级的球类比赛、社会实践等活动。

四、第二课堂活动项目管理流程

为了确保高校第二课堂活动的有序开展，在开展第二课堂活动的过程中，必须严格按照项目管理的流程进行，包括第二课堂活动项目的申报、项目计划、项目实施、项目监控、项目评价等步骤，每一项都要严格按照项目管理的流程进行落实。

（一）第二课堂活动项目的策划与设计

第二课堂活动项目设计的质量高低直接决定着第二课堂活动项目的效果，影响到第二课堂活动项目能否达到预期的目的，能否满足大学生的需求以及能否实现组织目标。

良好的准备是成功的开端。通过对人才培养的社会需求与学生成长的自身需要，以及学校人才培养的需求进行综合分析，确定项目内容和形式以及对项目可行性的分析，为活动项目决策提供依据和做必要的准备工作。做好充分、细致、扎实的第二课堂教育教学工作前期准备，为下一步的活动实施奠定基础，有助于第二课堂教育教学工作有序开展。

（二）高校第二课堂活动项目申报

高校各学院第二课堂管理工作组可结合学院人才培养方向，学生综合素质成长需求，申请组织开展第二课堂课程建设，可以将学校规定的思想道德素质、知识能力素质、身心素质、人文素质、劳动素质等六个方面作为主体内容进行选取，填写第二课堂学分制课程开课申请表，并申请相应类别的第二课堂绩点（见表 6-6、表 6-7）。第二课堂活动项目申报要求主体突出、内容具体，具有可操作性、灵活性和创新性，以促进第二课堂发展为主旨，以适应大学生发展需求为导向。

表 6-6　征集和确定第二课堂活动主题

<table>
<tr><th>步骤</th><th>内容</th><th>方法与形式</th></tr>
<tr><td>1</td><td>对高校大学生第二课堂活动主题的调研</td><td>进入宿舍公寓访问、第二课堂学习微信群或 QQ 群、意见征集信箱、学生座谈会、问卷调查等</td></tr>
<tr><td colspan="3">操作细节和关键：
（1）访问对象：高校大学生及专业教师。
（2）访问中重点记录：
第一，明确而清晰地向受访者说明访问或意见征集的目的：了解大学生对高校第二课堂实践活动的需求和想法，有助于更接地气、更有效地开展第二课堂实践活动。
第二，大学生的需求和其对第二课堂实践活动形式、内容的具体想法。
第三，青少年及其家长能够参与活动的具体时间。
（3）整理访问资料：整理并统计多数有意愿参加活动的学生及专业老师的想法，以此作为可参考的第二课堂活动主题及设计活动计划的素材。
作用：主要提升大学生需求了解能力、沟通能力和归纳能力，找出学生的需求，以便有序开展第二课堂活动</td></tr>
<tr><td>2</td><td>查阅相关资料</td><td>查看以往活动的内容及组织情况等</td></tr>
<tr><td colspan="3">操作细节和关键：
（1）了解之前第二课堂活动的主题、内容、形式及人员参与情况。
（2）借鉴之前第二课堂活动成功有效的经验或方法，避免以往活动中的不足，弥补以往活动中的疏漏。
作用：通过这个环节主要提升大学生信息研读能力、总结及概括能力</td></tr>
</table>

表 6-7　第二课堂学分制课程开课申请表

<table>
<tr><td>课程名称</td><td colspan="3"></td></tr>
<tr><td>开课单位</td><td></td><td>负责人</td><td></td></tr>
<tr><td>授课对象</td><td></td><td>重点年级</td><td></td></tr>
<tr><td>是否申请
绩　　点</td><td></td><td>绩　　点</td><td></td></tr>
<tr><td>课程内容
简　　介</td><td colspan="3"></td></tr>
<tr><td>考核方式</td><td colspan="3"></td></tr>
<tr><td>学院第二课堂管理工作组意见</td><td colspan="3">盖章
年　　月　　日</td></tr>
<tr><td>学院第二课堂建设与评定委员会</td><td colspan="3">盖章
年　　月　　日</td></tr>
</table>

（三）第二课堂活动项目审批

学校第二课堂建设评定委员会对各学院团委上交的《第二课堂学分制课程开课申请表》进行收集汇总，申请时间一般为开学的第一周，超过申请时间不予以立项。学校第二课堂建设评定委员会召开委员会议进行讨论，根据提交的申报材料对项目的可行性进行分析与讨论，通过评分的方式最终确定中标项目。最后，由学校第二课堂建设评定委员会下发通过的审批项目名单，各项目负责人做好项目启动的各项准备工作。

（四）第二课堂活动项目宣传

各二级学院项目管理处联系项目负责人，对学院第二课堂活动所有审批通过的项目进行活动宣传。高校学生根据发布的活动信息，根据自己的专业、兴趣爱好自行选择需要参加的第二课堂活动（见表 6-8）。

表 6-8　第二课堂活动项目宣传

<table>
<tr><th>步骤</th><th>内容</th><th>方法与形式</th></tr>
<tr><td>1</td><td>第二课堂活动宣传</td><td>海报、宣传单、LED 大屏幕、各二级学院第二课堂工作组微信群或 QQ 群等</td></tr>
<tr><td colspan="3">操作细节和关键：
（1）总结之前活动中有效的宣传方式，继续使用。
（2）了解高校大学生容易接受或喜欢的宣传方式，线上与线下相结合。
（3）应用微信、QQ、易班、学院公众号等网络宣传手段。
（4）选择在恰当的时间或醒目的地点（学校食堂、宿舍楼下或学校公告栏）以海报的形式进行宣传，以便大学生及时发现并了解。
作用：提升大学生宣传能力、公关能力、沟通能力</td></tr>
<tr><td>2</td><td>报名及整理</td><td>统计人数并联系确认</td></tr>
<tr><td colspan="3">操作细节和关键：
统计报名人数，其中重点统计大学生所填写的能够参加活动的时间，项目组选择较多人数能够参加的某个时间段开展活动，这样体现了以大学生为活动主体。
作用：提升大学生统筹能力、归纳能力</td></tr>
</table>

（五）高校第二课堂活动项目实施

各个项目根据项目申报的情况按照第二课堂活动要求实施项目计划，在活动项目实施过程中，学校第二课堂活动如何开展，全程督导指导工作由项目管理办公室具体负责，项目负责人随时与项目办沟通汇报项目开展的具体情况，确保第二课堂教育教学活动能顺利、有秩序地开展。

1. 做好开展第二课堂活动的协调工作

在第二课堂活动的实施阶段，需要做好各方面的协调统筹工作。一是第二课堂活动资源的使用协调工作。在做第二课堂实践活动过程中，必然需要用到一定的资源。其中包括校外组织和校内各部门资源，第二课堂活动的有序开展离不开多方力量的协调配合。这些工作都需要学校第二课堂建设与评定委员会进行协调统筹，有效实施公益实践活动。二是联系协调第二课堂活动场所。保证落实第二课堂活动的活动场所，是顺利开展第二课堂教育教学活动的一项工作。因此，在开展第二课堂教育教学活动时，校团委及各二级学院都需要发挥后勤保障作用，及时出面做好协调服务工作，协调活动场地，以确保第二课堂活动的顺利进行。

2. 做好第二课堂活动资源的支持工作

高校第二课堂活动是在一定的资源支持下开展的，不仅是物质资源，还有人力资源、技术资源等方面的支持。因此，在开展第二课堂活动过程中，高校要做好各种资源的支持工作，确保第二课堂活动的顺利开展。

一是物质资源的支持。任何活动的开展都离不开物质资源，物质资源是第二课堂实践活动最基本的保障。因此，在开展第二课堂活动实施阶段，高校要做好物质资源的保障支持工作。比如在开展校园文化活动过程中，都离不开音响设备、横幅、表演者的道具与服装等这些物质资源，要有充足的物质资源才能开展活动。二是人力资源的支持。人力资源的支持是第二课堂实践活动的核心支持，是顺利开展第二课堂活动的重要保障。其中包括专业教师对第二课堂活动的专业引导与指导、团委书记和辅导员的协助与组织工作、第二课堂工作小组的监督等，充足的人力资源能够带动更多的学生参与和支持第二课堂活动，有助于推进第二课堂教育工作。

3. 做好第二课堂活动的引导工作

第二课堂活动的实施过程中，高校做好活动的参与、引导工作至关重要。一是高校相关部门负责人要严格按照原设计的活动计划进行积极引导，按照计划有序开展活动，有效地引领和促进高校大学生开展第二课堂实践活动。二是要利用自身开展第二课堂活动的丰富经验，起到榜样示范作用，有效地促进大学生开展第二课堂活动。三是通过开展有特色的第二课堂活动，吸引更多的大学生参加活动，扩大第二课堂活动的影响力，引导大学生积极有效参与，体验活动效果，切身感受第二课堂教育教学活动给大家带来的成长与喜悦。

4. 落实好第二课堂活动的各项组织工作

第二课堂活动实施是活动流程的核心部分，包括基本活动和复合活动两种模式。基本活动模式在以往第二课堂活动的基础上，融入大学生体验性、社会工作专业性和活动系统性的常用活动方式。复合活动模式是基本活动模式的系列组合。两种模式的特点都是以大学生为主体，促进当代大学生参与第二课堂活动中，在参与中学习、在互动中思考、在行动中增能的特点，有效地促进高校大学生综合素质的提升（见图6-4）。

在高校第二课堂活动实施过程中，可以根据专业特点和资源、自身及工作经验和使命，有选择地、创造性地开展活动。同时，大学生也会体验到角色的转化——从大学生的角色转化到活动项目的策划者、行动者、倡导者、组织者、促进者。

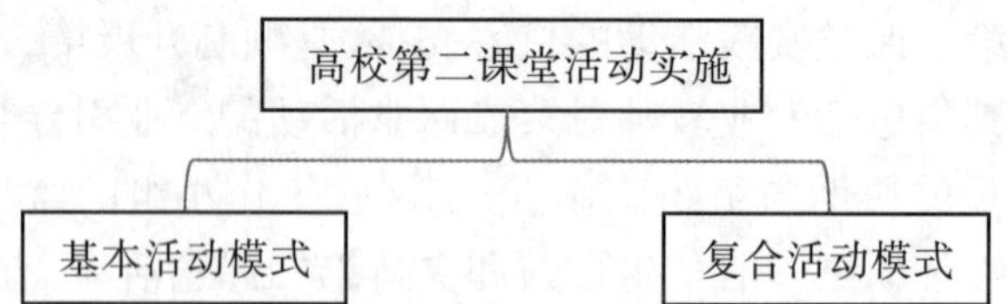

互动式体验讲座+体验性活动	大学生第二课堂小组活动+社会实践行动	大学生第二课堂小组活动成果联展	大学生第二课堂小组联合活动
(1)互动式讲座是由主讲人通过引导、提问讨论的形式,向大学生讲授某方面的知识和技能,以促使他们积极参与、改进行为的一种学习形式 (2)体验性活动是大学生在亲历和反思中,获得新的认识和情感经验、培养或提升能力的一种学习方式 (3)互动式讲座+体验性活动体现的是脑(认识)、身(行动)、心(情绪体验)、境(情境)相结合的学习	(1)第二课堂小组活动是以围绕某类主题,以团队形式开展的各类互动性活动,旨在形成分小组可实施的活动计划,并实现小组成员相互积极的互动、正向的影响和能力的培养或提升 (2)社会实践行动是指大学生将设计好的分小组活动计划实施、实践的过程。 (3)大学生小组活动+社会实践行动是大学生通过团队形式,形成分小组活动计划并在社会开展实践的过程。这是大学生相互积极影响、促进改变和能力提升的历程	(1)大学生第二课堂小组活动结束之后,各小组成果联合展现的活动 (2)基本活动模式的延续与融合 (3)培养与发展高校大学生综合素质能力的活动	(1)大学生第二课堂小组活动之后,各小组协同合作、共同实施的活动 (2)基本活动模式的整合与升级 (3)发展与提升青少年核心能力的活动

图6-4　第二课堂活动的各项组织工作

5.做好第二课堂活动的后勤保障工作

后勤保障工作是第二课堂活动扎实和有效开展的基础,是开展好落实好第二课堂活动的有力保障。一是要做好活动服务保障工作,不要影响第二课堂活动的效果。二是做好活动秩序的保障工作,在活动开始前，就活动的主要事项、活动秩序等内容向参加第二课堂活动的大学生进行详细讲解，引导他们严格按照活动要求进行。三是要根据制定的第二课堂活动应急预案，及时、灵活、妥善地处理活动的突发事件。

（六）活动项目评价

高校第二课堂活动的评价是对整个第二课堂活动过程及成效的评价与反思，其中包括评价和反思两部分。

1. 活动项目的评价

活动项目的评价是用一定的评价指标和方法，对第二课堂活动的全过程以及产生的效果进行分析与评价。通过对第二课堂活动的评价可以检验活动所产生的效果，有利于在开展第二课堂活动的过程中发现问题和缺点，对下一步第二课堂活动的开展提出指导性意见。评价的方式是多样化的，可以是形成性评价，也可以是总结性评价；可以是自评，也可以是他评；可以是定性的，也可以是定量的形式。对于评价的对象，可以是第二课堂活动组织者的评价，也可以是对参与活动的大学生的评价。

第二课堂活动组织者的评价。自我评价是高校第二课堂活动组织者在实践活动中工作的评价，在开展评价时一定要遵循客观、公开、公正的原则，组织参与第二课堂活动的工作人员自我评价。他们是第二课堂活动的直接参与者，同时还是协调者、统筹者，这主要是通过组织参与第二课堂活动工作人员的直接体验和感受，来评价其在第二课堂活动中的作用。

他人对第二课堂活动的评价。除了第二课堂活动组织者自我评价之外，第二课堂活动的工作成效需要他人进行评价，主要从以下几个方面来衡量：一是参与第二课堂活动大学生的评价，他们是第二课堂活动的直接参与者、体验者，对第二课堂活动有着直接的感受和体会，他们主要是依据大学生参加第二课堂活动取得的收获和能力提升来评价第二课堂活动的工作成效，以及通过在参加活动中观察和体验进行评价，他们的评价有助于第二课堂活动质量的提升。二是对未参与第二课堂活动工作人员的评价，这主要是从侧面了解开展第二课堂活动取得的效果。比如开展的社会实践活动，主要服务对象是校外人员，他们是社会实践活动的服务对象，是社会实践活动的受益者，主要是从参与第二课堂活动的体验感、服务满意度上进行评价（见图 6–5）。

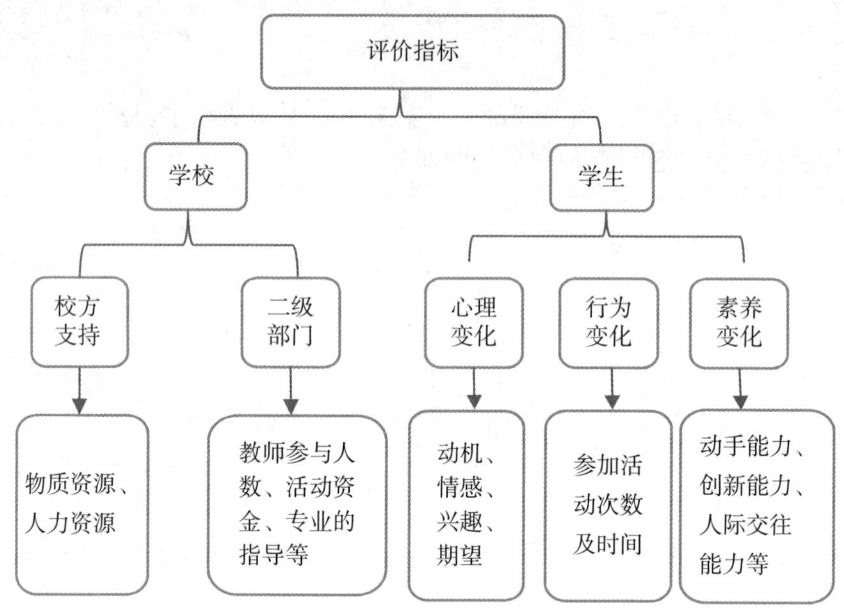

图 6–5　第二课堂活动的评价

2. 经验总结与改进

总结开展第二课堂活动的经验是为了更好地促进工作，不断提高第二课堂活动的效果。高校科研通过座谈交流、书面总结等方式进行经验总结，在总结的过程中，不仅了解了第二课堂活动所取得的成效，同时也会发现今后第二课堂工作需要改进的内容和方法，这有助于第二课堂活动的进一步开展。

3. 反思

第二课堂教育教学工作的反思贯穿全过程，即每个阶段都存在反思。反思是不断提高对第二课堂活动的认识，不断总结经验提升的阶段，也是第二课堂教育教学活动必不可少的阶段。第二课堂活动的反思主要是对开展第二课堂活动所采取的途径、形式以及效果进行有效的反思与总结，从中找出问题与不足，为下一次开展第二课堂活动打下坚实的基础。

（七）活动项目的成果运用

高校第二课堂项目管理小组对参与第二课堂活动的人员进行量化打分，通过“第二课堂成绩单”网络管理系统实施打分，实时记录、评价和学分认证学生参加第二课堂活动的情况，对学生参加“第二课堂”的过程进行客观记录和评价，最终形成学生第二课堂活动的成绩单。

第五节 高校第二课堂实践育人评价机制

质量评价是第二课堂活动课程实施中的重要环节，也是第二课堂教育教学管理的有效手段，科学的评价机制有助于高校了解第二课堂活动现状，总结第二课堂教育教学工作过程中存在的问题，以便及时调整和完善活动方案，提高育人实效。同时也有助于高校大学生能及时分析自身参与第二课堂活动的收获与不足，更好地促进大学生德智体美劳全面发展。

找准评价的标准依据，有助于制定科学合理的第二课堂活动评价体系，主要考虑几个方面：一是围绕关于团中央、教育部的有关政策和要求，在各高校开展第二课堂活动，高校围绕学校的人才培养目标，确定第二课堂活动课程的目标导向；二是根据第二课堂活动课程开展的实际规律，围绕学科特色、学生的特点，设计科学翔实的方案，在实施第二课堂教育教学过程中有细致的过程管理；三是有专业的教师进行管理与指导，活动课程得到参与学生的广泛认可和好评（见表 6-9）。

表 6-9　第二课堂活动课程评价标准

项目	内容	权重
目标导向	围绕相关的方针政策,结合学校的人才培养目标,明确第二课堂活动是提升全体学生综合素质,促进其全面发展,强化课程培养目标的指向性	15%
特色鲜明	高校结合学科专业特色,结合学院“一院一品”“一院多品”品牌活动,在内容和形式方面具有鲜明的特色	15%
组织规范	每一项活动课程,都有翔实的课程目标、课程计划,在课程的准备、实施等环节有详细的要求	15%
教师指导	每项活动都有专业能力强的专业老师进行指导,由学生管理经验丰富的团委书记、辅导员进行监督与管理,努力提升第二课堂活动的质量	15%
学生认可	学生参加第二课堂活动有所收获,达到预期目标,效果良好,取得广大参与学生的认可和好评	40%

第二课堂活动评价主体多元化。学生是参与第二课堂活动的主体,课程是为了提高学生的综合素质而计划和开展的,学生作为活动的参与者,对第二课堂活动的过程和效果都亲身体验和感受,所以学生应该是评价的主体。但是从评价的全面性来看,参与第二课堂活动的指导教师以及活动的本身也应该考虑进来。评价体系的建立不是为了淘汰育人功能不理想的第二课堂活动,更重要的是要激励积极参与并给予活动充分肯定的学生和教师,强化育人实效(见表 6-10)。

表 6-10　第二课堂活动评价主体多元化

评价对象	评价内容
学生	学生本人根据自身参与活动的思想认知、情感体验、意志态度以及行动参与等方面对自己进行评价;教师从参与意愿、出勤情况、参与程度、育人成效等因素对学生参与者进行总体考量
指导教师	具体以其指导能力、活动完成情况和育人成效为评价标准
活动项目	学生对第二课堂活动的评价主要从活动主题、形式、吸引力和开展效果方面打分,具体指导教师则主要从活动的学生参与度、宣传效果、思政教育元素融合度以及实践育人效果等方面进行评定

第二课堂活动评价方式信息化。《关于在高校实施共青团“第二课堂成绩单”制度的意见》中指出,各高校需要利用数据信息体系来开展课程项目信息的发布、管理与评估,这样的方式公平、客观、简单易行。

通过建立大学生第二课堂信息平台，进行第二课堂学分的记录、认证和考核。高校可以根据系统反馈的信息找到第二课堂育人体系中出现的问题，并及时进行修正，促进大学生德智体美劳全面发展（见图 6–6）。

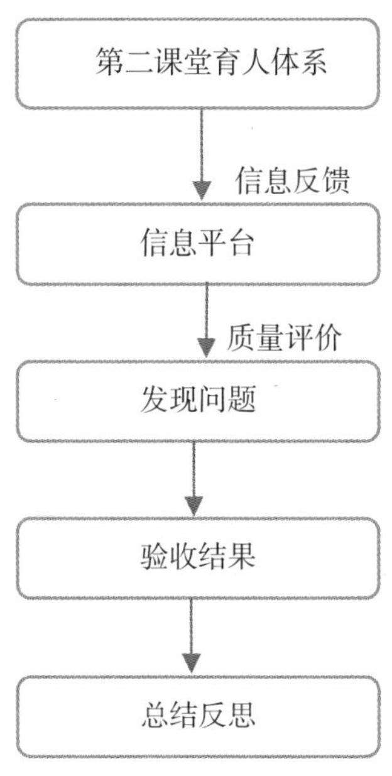

图 6–6　高校第二课堂评价体系流程图

第二课堂活动评价结果应用化。高校负责第二课堂活动的管理部门通过系统对评价结果的分析，有助于及时对第二课堂活动进行评估和调整。对于评价过低、效果不好的项目要及时分析问题的原因、限期整改，不断提高课程的质量；同时对评价较高的课程，应该纳入精品课程的建设范围，并且提供一定的资金给予支持，有效提升人才培养的质量。

第六节　构建高校第二课堂教育过程的三全育人体系

三全育人体系是高校落实立德树人根本任务的关键,是新时代中国特色社会主义教育的育人优势,通过第二课堂活动的开展,不仅营造了良好的育人氛围,还不断充实了三全育人体系的育人内容、丰富了育人手段,有助于促进大学生全面发展。

一、落实全员参与高校第二课堂

高校应该树立全员育人的思想意识,动员高校内的各个部门、二级学院的教职工都积极参与第二课堂教育教学工作。

(一)学校层面

从学校层面来看,高层管理者在制定第二课堂制度时,应该把育人作用放在首位考虑。通过利用微信公众号、微博、QQ 群等方式向学生推送第二课堂活动,不断把第二课堂活动项目的辐射范围扩展到最大化。从整体上进行统筹安排,构建力量强大的第二课堂活动指挥小组,小组成员中要有团党委干部、教务处领导、学生处负责人等,对第二课堂活动的开展进行指导、监督。

(二)学院层面

从学院层面来说,各二级学院要根据学院的实际情况、专业特色,把积极向上的思想政治教育素材,通过第二课堂活动转化为学生容易接受的教育知识。充分发挥辅导员的作用,深入了解学生需要什么,什么样的活动方式最受学生欢迎。学院应该定期组织相关开展第二课堂活动的专业教师、辅导员、学生骨干进行业务培训,不断更新观念,创新第二课堂活动形式，不断提升第二课堂教育教学的辐射范围。

（三）教师层面

从教师层面来说，要特别打造一支思想觉悟高、专业能力强的第二课堂教育教学团队。为了能使第二课堂活动取得更好的成效，教师必须增加自身的知识储备、不断提高自身的专业技能，此外，还要重点培养关于开展第二课堂活动能力，其中包括活动组织能力、活动管理能力以及应对解决突发事件能力等，不断提高第二课堂教师团队的专业性。

二、实施全过程高校第二课堂

（一）纵向方面

从第二课堂活动实施全过程来看，学生在大学四年中，身体和心理都会发生变化。因此，应该在不同的阶段设置符合他们身心发展规律的第二课堂活动。针对大一的新生，初入大学校园，对第二课堂比较陌生，这时需要对他们进行思想和行为上的引导。通过采取组织第二课堂宣讲活动、座谈会、走访等方式，向他们介绍关于学校第二课堂学分认证的制度与要求，并教会他们使用第二课堂学分认证平台，并通过问卷调查的方式，掌握他们对第二课堂的了解程度，以及感兴趣的内容与活动形式，根据调查结果采取符合形式个性化特点的方式开展第二课堂活动。针对大二的学生，他们经过一年的时间已经对第二课堂活动有一定的了解，在参与活动频率上都有所提高。加之，学生对专业知识和技能有一定的掌握，这时可以考虑第二课堂活动更多倾向专业素养的培养、社会技能的掌握、文化素养的提升，充分发挥第二课堂活动的育人作用。针对大三、大四的学生，他们专业课的学习已经到了稳定阶段，专业素养已经得到提高，可以通过社会调研、参加学科竞赛、创新创业竞赛等形式开展第二课堂活动，有助于提高他们的专业技能、创新能力、实践能力。

(二)横向方面

从第二课堂实施全过程的横向方面来看,按照学校每个学期的阶段划分,要把它具体分为短期、中期和长期的第二课堂教育教学计划,把每个阶段的第二课堂活动都设计出具体的实施方案,辅导员要善于发挥管理学生的优势,把第二课堂活动项目灵活开展起来,最终形成学校、学院、辅导员三层育人体系,打造一个全过程的第二课堂育人环境。

(三)建立全方位高校第二课堂教育体系

高校要建立全方位的第二课堂育人体系,使第二课堂教育教学真正全方位地渗透到学校育人的各个环节,必须要以课程、科研、实践、文化等“十大育人体系”着手。在课程育人中,学院可以结合专业特色设置相关的第二课堂项目,结合第一课堂教学与实践活动,使第一课堂教学中的理论知识通过第二课堂的实践活动来验证,从而提高教育教学质量。在科研育人中,高校要以专业知识、专业能力运用为手段,指导大学生参加各种学科竞赛、科技竞赛、大学生科研课题和教师的科研项目等,为学生提供实践、交流和学习的平台,通过科研项目的开展,提高大学生学术科研能力和学习专业知识的积极性,培养学生实践动手能力、创新创业能力,为日后就业创业奠定基础。在实践育人中,通过开展第二课堂活动,拓宽实践育人的渠道,丰富多彩的第二课堂活动,不仅丰富了校园的文化生活,还不断提升了他们的实践能力。在文化育人中,学校在开展第二课堂活动中,要充分考虑文化多样性的特点,举办校园文化节,做到文化包容和文化尊重。在网络育人中,通过易班、微信公众号、QQ 群、微信群等平台发布第二课堂活动的相关信息,激发学生参与第二课堂活动的积极性,高校积极构建第二课堂教育教学网络平台进行活动发布、活动记录、活动评价,有效推进第二课堂教育教学活动的工作。在心理育人中,通过第二课堂学分认证平台,及时对学生参与第二课堂活动的情况进行了解并给予学分预警,针对学分不满的同学,要及时建立档案,对于有困惑或困难的学生要给予帮助,让每一位学生都能顺利拿到第二课堂学分。在管理育人中,高校要不断创新第二课堂教育教学的新方法,挖掘新内容,为学校打造一个符合时代发展、学生成长的第二课堂教育管理模式。在服务育人中,高校要不断加强第二课堂教育教学的后勤保障工作,学校各部门和各学院都积极参与第二课堂教育教学活动,互相协助,保障第二课堂教育教学活动的顺利开展。在资助育人上,要从物质资源、人力资源和其他资源上给予帮助,使得高校第二课堂活动课程建设能够得到足够的支持。在组织育人中,学校各班级和各类社团组织在党团组织的带领下,积极开展第二课堂活动,丰富第二课堂活动的形式,扩宽教育的渠道。

总体来说,建立高校第二课堂全方位的教育体系,最主要的就是活动形式的多样化和活动内容的丰富性,各高校要把第二课堂活动融入学校的各个方面,打造一个动态的第二课堂育人体系,使第二课堂活动真正“活”起来。

第七节　高校第二课堂实践案例

大学生社会实践活动是第二课堂工作的重要组成部分,把项目管理的方法应用到启动、计划、实施和管理中,有利于高校第二课堂活动工作组织管理规范化、科学化的提高。本节以广西 X 高校筹备参加大学生志愿者暑期文化科技卫生“三下乡”社会实践活动(以下简称社会实践项目)为例,介绍开展大学生第二课堂活动项目管理,对高校第二课堂活动的科学有效管理、引导其健康有序的发展具有重要的现实指导意义。

任何一个活动项目都需要经历从开始到结束的过程,所以活动项目需要从客户的需求出发,项目的规划到项目的执行和结束,这些过程在时间上是相互交错的。合理地划分项目的各个阶段,对于项目的管理和项目质量的提升都有很大的帮助。任何一个项目的来源都出于各种需求和需要解决的问题。要制定全面有效的方案,明确项目活动的时间进度,明确活动策略等内容,做到有据可依、有章可循,以明确目标推动活动顺利开展。

一、项目目标

项目目标是实施项目需要达到一定的期望结果，是开展活动项目极其重要的一步。高校"三下乡"社会实践活动一般是由校团委发起，设定社会实践活动的期望目标：通过开展暑期社会实践活动，让大学生们利用所学的专业知识投入到为社会和人民服务中去，切实引导青年学生了解国情社情民情、提高社会化能力，引导青年学生实践出真知、实践长真才。但是，在开展社会实践项目的具体操作中，需要将活动项目的目标进行细化分解，形成很多个具有可操作性和执行性的小目标，并把每个小目标具体落实到个人，经过大家的共同努力去完成社会实践活动。通过明确项目目标达成的因素，具体到活动项目的各个方面、各个层面目标，建立完整的活动项目目标体系。通过分析确定哪些目标属于必然目标，哪些目标属于预期目标，哪些目标属于阶段性目标，同时还要了解在不同目标阶段可能会出现的问题与困难，这样更有助于活动项目的开展。

在"三下乡"社会实践活动项目目标确立过程中，我们需要确定项目目标的各个层面，从目标层面来看，"三下乡"社会实践活动项目至少可以分为"最终目标"和"阶段目标"两个层面，简单意义上来讲分别包括如表 6-11 所示内容。

表 6-11 "三下乡"社会实践活动项目的目标分层

最终目标	学生了解国情社情民情，提高社会化能力，提高自身综合实践能力
阶段目标	项目成员的招募、社会实践活动内容的设计及活动开展的形式、联系社会实践点、项目成本预算、风险沟通等阶段性目标

二、项目启动

（一）项目需求分析

寻找社会实践项目的需求，满足需求是社会实践项目的出发点和归宿。从专业需求来看，在第一课堂学习理论知识运用欠缺的情况下，高校大学生普遍存在专业实践机会不足、能力欠缺的问题，大学生把主要时间用在了第二课堂学习上。从教学效果来看，重知识传授、轻实践能力的培养影响了学习的积极性和效果。因此，高校需要创造一些社会实践的活动，让学生有机会把理论知识运用到实践上，提高教育教学效果。从学生角度分析，对于丰富多彩的社会实践活动，同学们积极性高、参与度高，教学效果得到明显的改善，说明学生参加第二课堂活动，需要有一定的形式和指导。正是由于这些需求的存在，各高校都高度重视"三下乡"社会实践活动，成立领导小组，负责指导开展相关活动，提高学生参加社会实践活动的积极性，同时提高学生的创新实践能力。

（二）项目管理机构的确定

"三下乡"暑期社会实践活动是由校团委组织开展，学生积极参与的活动，该活动项目的管理结构共分三级。

第一级为领导机构，即社会实践活动"三下乡"工作领导小组。由分管学生工作的学院党委副书记任组长，分管团委工作的团委书记担任副组长，辅导员、全院各系主任和班主任担任成员，负责对社会实践项目的研讨、审批和总结。

第二级是运行机构。负责项目运作的是由主管团委工作的团委书记担任负责人，而负责项目运作的则是学院团委学生会相关部门的学生干部担任主要工作人员。其中，包括社会实践活动动员、宣传组织、学生课题申报受理、资料收集整理、评先评优等日常运行管理工作，并结合实际，认真细致地做好各项工作。

第三级是参与群体，即辅导教师和参与社会实践项目的学生，都是参与社会实践活动的群体。

三、项目计划

项目计划重点是制定包括项目范围、项目成本、项目风险、项目时间等多方面方案在内的社会实践项目具体实施方案。项目计划的依据是针对活动项目的具体实施进度和各项任务所需资源进行合理的分配，为在规定期限内高效率完成活动项目提供保障。项目计划主要是解决"3W2H"的问题，"3W"即做什么、怎么做、谁去做，即项目目标、活动实施计划和人员安排,“2H”是指在什么时间做,花多少钱去做,也就是活动项目时间进度表的完成情况以及工程预算的完成情况。

表 6-12　社会实践活动项目整体计划时间表

阶段	主要内容	基本形式
(一)初选	宣传发动	向全体同学广泛宣传,积极动员
	学院海选	开展赛事项目比赛选拔队伍
(二)组队	项目培训	组织经验丰富的教师培训学员
	确定指导关系	辅导老师就是通过各种形式最终确定下来,并进行修改
	调整团队结构	调整团队结构,确定团队
(三)实施	立项	确定社会实践项目
	项目实施	开展社会实践活动
(四)总结	总结与表彰	总结表彰社会实践活动开展情况

(一)明确社会实践项目范围

明确社会实践项目范围是以达到项目目标为目的而厘清项目工作内容的过程,具体来说有两个关键点,一个是项目交付的时间,即每天的工作安排、活动的出发时间、开展具体活动的时间等;另一个是项目管理和实施过程,即每个活动阶段具体开展的情况。暑期社会实践活动“三下乡”项目要搞好活动的宣传动员,组织好学生参加报名,对学生基本情况进行初步审核。与活动点负责人进行联系,确定好活动开展的时间、开展活动的内容与形式等,明确不同工作之间相互依存的关系。

(二)确定社会实践项目组织

要在组织内部和外部形成各机构项目关系的总和,即项目组织结构,才能顺利完成社会实践项目的目标。社会实践项目以结构分解为基础,对主要项目成员进行分工安排,并对项目组织结构进行明确。确定项目组的运行机制,促进社会实践项目的有效管理。“三下乡”暑期社会实践活动是由校团委书记担任项目的负责人,由校学生会执行主席作为项目执行人，学生会各部门负责人作为项目下设的职能部门负责人的组织，主要负责校级社会实践项目。而各二级学院的团委书记作为各学院的主要负责人，承担学院层面的社会实践工作（见图 6-7）。

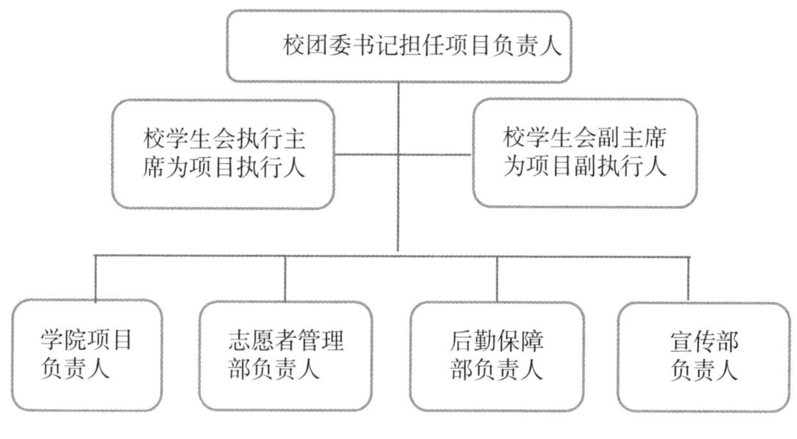

图 6-7　"三下乡"社会实践活动项目负责

（三）确定社会实践项目的进度计划

社会实践活动"三下乡"项目，即对每个分项目在活动开展过程中建立时间表，如成员的招募、活动的安排、物资采购等子项目的详细日程安排等，确保主项目的顺利完成。在这个过程中，要建立资源分配的最优方案，还要加强活动项目的风险管理，通过集体讨论分析后最终明确活动项目的进度计划。活动项目计划完成后，项目负责人要对项目的进度计划予以确认，需要得到项目进度计划的认同，才能保证有效的项目团队管理（见表 6-13）。

表 6-13　"三下乡"社会实践活动项目招募志愿者子项目建立进度表

时间	内容	责任人
4 月份	制定社会实践活动方案	团委、学工部门
5 月份	社会实践活动宣传	团委、学工部门

续表

时间	内容	责任人
6月份	征集志愿及相应问题说明	各学院
	汇总上报志愿信息	各学院
	对征集志愿结果进行反馈	各学院
	志愿者培训	团委、学工部门

四、社会实践项目执行与实施

合理安排时间、有效利用时间是项目得以按时完成、资源得以合理分配的前提和保障。

（一）实行日报周报结合制度（时间控制）

根据社会实践项目组规定，每天子活动小组长向学院团委书记汇报当天实践活动的情况，包括取得的成效和开展活动存在的问题。团委书记根据日报周报和实际情况，适当调整活动项目的内容，提高项目时间计划的可行性，从而使时间管理合理化。

（二）节点控制（质量控制）

活动项目组按照活动项目方案，制作项目节点控制表，对项目各阶段的质量要求在规定的时间内全部完成，并上报团委书记。

（三）成本控制

为了确保社会实践项目实施的成本能够控制在计划之内完成，项目组应该成立专职部门负责成本核算。同时，各项目负责人需要由职能部门对成本的控制和管理完成情况进行监督，以利于既定目标的实现（见图 6-8）。

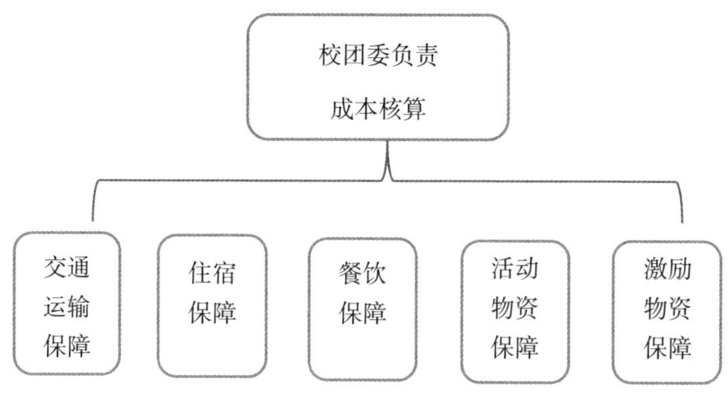

图 6-8　成本的控制和管理

五、社会实践项目评价体系设计

社会实践活动项目评价以考虑学生“参与度”为最高权重，其中“参与度”“学生受益度”“立项数量”“获奖情况”等要素作为主要指标。社会实践项目评价体系也将在兼顾项目管理其他方面的情况下最终确定。其中，项目收益总分值为 30 分，管理等级总分值为 20 分，影响范围总分值为 50 分（见表 6-14、表 6-15）。

表 6-14　社会实践活动项目评价指标体系表

属类	评价指标	权重	自评	他评	总评
影响范围	1. 学生知晓率：实际知晓率 (50%)+ 常规宣传程度 (30%)+ 网络宣传程度 (20%)	5			
	2. 学生参与度：参与人数占学院总人数 50% 以上满分，低于 10% 及 0 分之内按比例计算	25			
	3. 教师知晓率：实际知晓率 (50%)+ 宣传程度 (50%)	5			
	4. 教师参与度：教师参与人数占学院教师总人数 50% 上满分，50% 之内按比例计算	5			
	5. 立项数量：20 项及以上满分，20 项之内按比例计算	10			

续表

属类	评价指标	权重	自评	他评	总评
项目受益	6. 学生受益程度：按成功度给予加分	10			
	7. 获奖情况：10 项及以上满分，10 项之内按比例计算	10			
	8. 活动价值与创新：按成功度给予分值	10			
管理水平	9. 项目设计：按成功度给予分值	10			
	10. 人力资金使用：按成功度给予分值	3			
	11. 节点质量控制：按成功度给予分值	4			
	12. 时间控制：按成功度给予分值	3			
项目评价得分					

表 6-15　成功度分值计算表

等级	名称	分值	标准
1	完全成功	1	项目的各项目标都已经全面实现或通过；相对成本而言，项目取得巨大的效益和影响
2	成功	0.8	项目的大部分目标已经实现；相对成本而言，项目达到了预期的效益和影响
3	部分成功	0.6	项目实现了原定的部分目标；相对成本而言，项目只取得了一定的效益和影响
4	不成功	0.4	项目实现的目标非常有限；相对成本而言，项目几乎没有产生什么正效益和影响
5	失败	0	项目的目标是不现实的，无法实现；相对成本而言，项目不得不终止

参考文献

[1] 张璐 . 再议有效教学 [J]. 教育理论与实践，2002（03）：48–50.

[2] 高慎英，刘良华 . 有效教学论 [M]. 广州：广东教育出版社，2004.

[3] 罗杰勋 . 成都市中小学体育教师课堂教学有效性研究 [D]. 四川师范大学，2022.

[4] 马婷婷 . 提高大学生党员主题教育有效性的路径探索 [D]. 南京工业大学，2012.

[5] Bower G H, Hilgard E R.Theories of Learning[J].IEEE Computer Society，1981.

[6] 彭聃龄 . 普通心理学 [M].5 版 . 北京：北京师范大学出版社，2019.

[7] 杨晰 . 人本主义视角下大学生自主学习研究 [D]. 兰州大学，2013.

[8] Schaie K W. Toward a stage theory of adult cognitive development[J]. The International Journal of Aging and Human Development，1978，8（2）：129–138.

[9] 克里斯托弗・彼得森 . 打开积极心理学之门 [M]. 侯玉波，王非，译 . 北京：机械工业出版社，2016：1–2.

[10] 张亚娟 . 建构主义教学理论综述 [J]. 教育现代化，2018，5(12)：171–172.

[11] 吴适浩 . 基于建构主义下的普通高校体育课堂师生互动研究 [D]. 河南大学，2022.

[12] 陈琦，刘儒德 . 当代教育心理学 [M].3 版 . 北京：北京师范大学出版社，2019.

[13] 周郑琪 . 基于认知心理学的大学生信息获取行为调查研究 [D]. 黑龙江大学，2016.

[14]Pollock E，Chandler P，Sweller J. Assimilating complex information[J]. Learning and instruction，2002，12（1）：61–86.

[15] 戴海琦，张峰．心理与教育测量 [M].4 版．广州：暨南大学出版社，2019.5.

[16] 薛薇 .SPSS 统计分析方法及应用 [M].4 版．北京：电子工业出版社，2017.

[17] O' brien R M. A caution regarding rules of thumb for variance inflation factors[J]. Quality & quantity，2007，41：673–690.

[18] 陈琦，刘儒德．当代教育心理学 [M].3 版．北京：北京师范大学出版社，2019.

[19] 克里斯托弗·彼得森．打开积极心理学之门 [M]. 侯玉波，王非，译．北京：机械工业出版社，2016.

[20] 徐慧．从《中长期青年发展规划》看档案馆在教育中的定位 [J]. 办公室业务，2018（24）：52–53.

[21] 张宝娣．高校第二课堂建设与民族团结教育的关系 [J]. 百科知识，2019（21）：38，58.

[22] 赵丹．高校第二课堂实践育人体系建设研究 [J]. 北京教育（德育），2019（01）：41–44.

[23] 范良辰．高校“第二课堂”实践教育的协同育人机制探究——以“第二课堂成绩单”制度为载体 [J]. 新课程研究，2021（03）：40–43.

[24] 刘志军．第二课堂建设背景下高校思想政治教育环境优化路径 [J]. 教育教学论坛，2021（15）：5–8.

[25] 李承福．新时代学校青年教师的师德问题探讨 [J]. 课程教育研究，2019（37）：195–196.

[26] 王秀杰，赵杰．高校思政课实践教学与第二课堂协同育人探源寻路 [J]. 中学政治教学参考，2022（39）：27–30.

[27] 张洪峰，韩强．网络文化对高校思想政治教育的影响及对策 [J]. 吉林省教育学院学报，2018，34（05）：59–61.

[28] 刘新．“三全育人”理念下高校第二课堂艺术教育实践研究 [J]. 成才，2022（05）：69–70.

[29] 邢淑婕，刘涛，等．实践育人视域下基于“导赛创”结合的第二课堂育人模式构建及应用 [J]. 中国食品，2023（02）：42–45.

[30] 马荣华，刘旭鹏．中华优秀传统文化在高职院校第二课堂中的应用与价值研究 [J]. 才智，2023（06）：68–71.

[31] 习近平．把思想政治工作贯穿教育教学全过程开创我国高等

教育事业发展新局面 [N]. 人民日报，2016-12-09（01）.

[32] 王纲 . 高校思想政治教育评价视域下第二课堂的学生行为研究 [D]. 电子科技大学，2021.

[33] 孔令博 . 基于人的全面发展的高校第二课堂育人体系研究 [D]. 武汉轻工大学，2021.

[34] 梅鲜 . 高校思想政治教育第二课堂建设研究 [D]. 复旦大学，2013.

[35] 王国辉，陈明 . 高等教育第二课堂素质拓展学分化研究 [M]. 沈阳：辽宁大学出版社，2006.

[36] 蔡克勇，冯向东 . 大学第二课堂 [M]. 北京：人民出版社，1988.

[37] 约翰华生 . 行为心理学 [M]. 北京：现代出版社，2016.

[38] 叶奕乾，何存道，梁宁道 . 普通心理学 [M]. 上海：华东师范大学出版社，2016.

[39] 李怀杰 . 大数据时代高校思想政治教育模式创新探究 [J]. 思想教育研究，2015.

[40] 张立强 . 基于成果导向的课程教学评价改革与实践 [J]. 黑龙江教育（高教研究与评估版），2020（9）：47-49.

[41] 邹文通，何伟，薛琳 ."第二课堂成绩单" 制度的内涵、功能和意义 [J]. 集美大学学报（教育科学版），2018（05）：70-74.

[42] 张志增，苏文龙 . 高校共青团"第二课堂成绩单" 制度的实践探索——以中原工学院为例 [J]. 中原工学院学报，2017，28（05）：115-118.

[43] 王静 . 高校第二课堂成绩单评价体系的构建与应用的研究 [J]. 教育现代化，2019，6（18）：89-91.

[44] 李子川，丁彦 . 刍议共青团改革背景下的高校"第二课堂成绩单" 制度运行现状 [J]. 当代教育实践与教学研究，2019（13）：110-111.

[45] 翟荣兵 . 基于"第二课堂成绩单" 的第二课堂育人体系构建研究——以安徽某高校为例 [J]. 西昌学院学报（社会科学版），2020，32（01）：120-124.

[46] 刘兵 . 完善高校第二课堂培养模式研究 [J]. 中国高等教育，2009（18）：59-60.

[47] 李兴华，满泽阳，施佳欢 . 高校第二课堂思想引领模式对"双一流" 建设中"立德树人" 的意义研究 [J]. 吉首大学学报（社会科学版），

2018,39（S1）: 114–121.

[48] 彭巧胤 . 高校第二课堂课程建设的探索与思考 [J]. 教育与职业，2011（5）: 147–148.

[49] 吴疆鄂，唐明毅，聂清斌 . 高校共青团“第二课堂成绩单”运行机制探究 [J]. 学校党建与思想教育，2019（10）: 91–93.

[50] 陈晨子 .“第二课堂成绩单”育人效果评价初探 [J]. 中国共青团，2020（11）: 50–52.

[51] 刘有升 . 组织行为学视角下的大学生“三下乡”社会实践研究——以福州地区五所高校为例 [J]. 思想教育研究，2011（08）: 82–85.

[52] 邓晶 . 高校第二课堂对大学生学习方式的影响研究——以“985 高校”学术科技创新活动为例 [J]. 高教探索，2018（01）: 11–15.